상처에 민감한 시대에
정신적 근육을 키우는
9가지 주문

You Are

Awesome

매슈 사이드 지음 | 엄성수 옮김

니들북

회복 탄력성은 험한 세상을 살아가는 우리에게 너무나 필요한 기술이다. 닐 파스리차가 쓴 이 놀랍도록 유용한 책을 관통하는 주제가 바로 회복 탄력성이다. 《어썸》은 자존감을 북돋우고, 실패와 성공에 대한 새로운 관점을 제시한다. 이 책을 영혼의 비축물에 대한 오마주라 해도 과언이 아닐 것이다.

— 미치 앨봄, 《오리와 함께한 화요일》의 저자

예민하고 상처를 잘 받는 사람에게는 회복 탄력성이 필요하다. 깊이 있는 연구와 조사에 기반을 둔 이 책의 단계별 안내를 받아보자.

— 수전 케인, 《콰이어트》의 저자

나도 여러 가지 힘든 일을 경험했다. 커다란 상실도 겪었다. 그러면서 나는 더욱 강해졌다. 회복 탄력성은 근육과 비슷하다. 아프면서 발달한다. 그 과정에 도움이 되는 게 있다면 닐의 말, 즉 이 책이다. 이 책은 상처에 민감한 시대에 정신적 근육을 키울 수 있는 방법을 알려준다.

- 제임스 프레이, 《백만 개의 작은 조각들》의 저자

이 책은 제목만으로도 읽어볼 가치가 충분하다. 당신은 정말로 '어썸'하기 때문이다. 이 책이 주는 지혜롭고 강력한 조언들을 삶에 새기자. 닐 파스리차는 흡입력 있는 필체로 회복 탄력성을 기르고, 쓸데없는 고집을 내려놓고, 인생의 성취와 의미를 추구하라고 권한다.

- 대니얼 핑크, 《새로운 미래가 온다》의 저자

이 책은 날마다 삶 속에서 부정적인 것들을 마주치는 이들에게 안성맞춤이다. 닐 파스리차는 내면을 들여다보고 생각을 통제하며 주의를 흩뜨리는 모든 것들을 차단함으로써 각자가 지닌 최선을 끌어내라고 조언한다.

- 마이클 롬바르디, 슈퍼 볼 우승 반지 세 개를 보유한 전 NFL 경영진

너무나도 매력적인 이 책을 읽고 나면 얼굴 한가득 미소와 함께 한 발짝 나아가게 될 것이다.

- 애덤 그랜트, 《싱크 어게인》의 저자

닐 파스리차의 시그니처라 할 수 있는 유머 감각, 연구 자료, 기발한 생각, 통찰이 가득한 이 책은 우리의 심금을 울리며, 낙관주의와 회복 탄력성이 만나면 직장, 학교, 가정에서의 삶이 보다 의미 있어진다는 사실을 보여준다.

- 숀 아처, 《빅 포텐셜》의 저자

인생에서 좌절만큼 뼈저리게 와 닿는 것도 없으리라. 때문에 실패를 담담하게 대처하는 데에서 그치지 않고 궁극적으로 실패를 통해 배움을 얻을 수 있도록 도와주는 회복 탄력성은 한 치 앞을 내다보기 힘든 오늘날을 살아가는 데 필수적인 기술이다. 이 책은 살아가는 데 있어서 귀중한 도구들을 제공하며, 실제적인 아이디어와 제안을 흥미로운 에피소드를 통해 풀어나간다. 닐 파스리차가 개인적, 실용적, 보편적인 삶의 지침서를 탄생시키는 데 또 한 번 성공했다.

- 데이비드 치즈라이트, 월마트 인터내셔널의 전 회장

이 책은 진심이 느껴지는 양질의 정보를 아낌없이 제공한다. 닐 파스리차의 책은 당신의 삶에 터닝 포인트가 될 것이다.

- 세스 고딘, 《마케팅이다》의 저자

닐 파스리차가 근사함에 대한 통찰, 은근한 유머 감각, 고생해서 얻은 지혜, 알맞은 정도의 과학을 고루 섞어 만든 인생 칵테일을 높이 들고, 풍요롭고 회복 탄력성 가득한 삶을 위해 건배하자.

- 마이클 번게이 스태니어, 《좋은 리더가 되고 싶습니까?》의 저자

이 책은 불안함에서 멋짐으로 향하는 장난기 넘치면서도 강력한 길잡이와 같다. 에피소드, 과학, 유머를 적절하게 조합해 회복 탄력성을 기르기 위한 도구와 전략을 제공한다.

- 조너선 필즈, 팟캐스트 '굿 라이프 프로젝트'의 운영자

'멋지다'는 것이 무엇인지 닐 파스리차만큼 잘 아는 사람은 없을 것이다. 그런 그가 더 멋진 삶을 사는 방법을 탐구해서 알려주는 책이다. 자신이 실제로 겪었던 이야기와 바로 옆에서 말해주는 듯한 대화체로, 어려움을 극복하며 하루하루를 보다 의도적이고 즐겁게 만드는 방법을 알려준다.

- 그레첸 루빈, 《나는 오늘부터 달라지기로 결심했다》의 저자

prologue

회복 탄력성 : 우리 모두에게 필요한 것

중국의 고사 중에 농부와 말에 관한 이야기가 있다.

한 농부에게 말이 한 마리 있었다. 어느 날 하나밖에 없는 그 말이 도망쳐버렸다. 농부의 이웃들은 말했다.

"저런, 이를 어째요. 정말 속상하겠어요."

하지만 농부는 그저 담담히 대답할 뿐이었다.

"한번 두고 보죠."

며칠 후 농부의 말이 야생마 스무 마리를 끌고 돌아왔다. 농부는 아들과 함께 말 스물한 마리를 울타리 안에 몰아넣었다. 농부의 이웃들은 말했다.

"축하해요! 너무 잘됐네요. 기분이 정말 좋겠어요."

농부는 역시나 담담히 대답했다.

"한번 두고 보죠."

어느 날 야생마 한 마리가 농부의 하나뿐인 아들을 뒷발로 차는 바람에 아들의 두 다리가 모두 부러졌다. 농부의 이웃들은 말했다.

"저런, 이를 어째요. 정말 속상하겠어요."

농부는 다시 담담히 대답했다.

"한번 두고 보죠."

나라에 전쟁이 벌어져 건강한 젊은이가 모조리 징집되었다. 전쟁은 너무나 참혹했고, 참전한 청년들 전원이 전사했다. 하지만 농부의 아들은 두 다리가 부러져 징집되지 않았고 무사히 목숨을 구했다. 농부의 이웃들은 말했다.

"축하해요! 너무 잘됐네요. 기분이 정말 좋겠어요."

농부는 또다시 담담히 대답했다.

"한번 두고 보죠."

이 정신 나간 농부는 대체 뭐 하는 사람인가 싶을 것이다. '이 정신 나간 농부가 대체 뭐 하는 사람'이냐 하면 바로 회복 탄력성을 제대로 계발한 사람이다. 그는 침착하고, 준비가 되어 있다. 무슨 일이 벌어지든 '얼마든지 덤벼라' 하고 외치는 듯한 눈빛으로 고개를 꼿꼿이 들고 앞날을 마주하는 사람이다.

이 농부는 하늘을 찌를 듯한 기쁨이나, 내장이 뒤틀리는 듯한 패배가 그의 고유한 정체성을 정의하진 않는다는 사실을 알고 있다. 이런 것들은 다만 그가 현재 어느 위치에 있는지를 정의할 뿐이다. 뿐만 아니라 이 농부는 자신의 삶에서 벌어지는 일들은 단지 자신의 현주소를 파악해서 어느 방향으로 나아갈지 결정하는 일을 도와주는 요소일 뿐이라는 사실을 잘 알고 있다.

그는 모든 끝은 하나의 시작임을 알고 있다.

나는 이 이야기를 들으면 다섯 살배기 아이의 생일 파티 한 구석에 서 있는 오뚝이 샌드백이 연상된다. 오뚝이의 코를 한번 쳐보자. 그럼 오뚝이가 쓰러진다. 그리고 다시 일어난다. 오뚝이의 옆구리를 세게 감고 땅바닥에 메어꽂아보자. 그럼 또 오뚝이가 쓰러진다. 그리고 또다시 일어난다. 오뚝이의 관자놀이에 강력한 발차기를 한 방 날려보자. 오뚝이가 여지없이 쓰러진다. 그리고 여지없이 일어난다. 오뚝이 샌드백은 회복 탄력성의 성격을 단적으로 보여주는 예라 할 수 있다.

나는 의도적인 삶을 사는 방법에 대해 생각하고, 글을 쓰고, 강연하는 인생 여정에서 내 안의 악마와 끊임없는 싸움을 벌였다. 그때마다 회복 탄력성은 재빨리 최전방, 정중앙으로 나와 강렬한 존재감을 발산해주었다.

사실 살면서 회복 탄력성은 기대도 하지 않았었다. 10년 전 이혼을 했고, 가장 친한 친구가 스스로 목숨을 끊기도 했다. 나는 아픔을 외면하기 위해 매일 멋진 일 한 가지를 블로그에 올리는 간단한 연습을 시작했다. 블로그 제목은 '세상에서 가장 신나는

1천 가지 이야기'였다. 이후에 이 블로그는 첫 번째 저서 《행복 한 스푼》이 되었고, 이 책에서 나는 감사에 대해 이야기했다.

5년 뒤 나는 지금의 아내 레슬리를 만나 사랑에 빠졌고 재혼했다. 신혼여행을 마치고 집으로 돌아가는 비행기에서 레슬리는 임신 소식을 들려주었다. 나는 비행기에서 내리자마자 아직 태어나지도 않은 우리 아이에게 행복한 삶을 사는 방법에 대한 기나긴 편지를 썼다. 그 편지는 또 다른 책 《아무것도 하지 않고도 모든 것을 얻는 법》이 되었고, 이 책에서 나는 행복에 대해 이야기했다.

그리고 지금 나는 최전방, 정중앙에서 너무나도 강렬한 존재감을 발산했던 회복 탄력성에 대해 이야기하고 있다. 왜일까? 현대 사회를 살아가는 우리들은 회복 탄력성이라는 기술이 너무나 부족하기 때문이다. 우리들 가운데에는 대공황이나 전쟁, 또는 (솔직히 말해) 본격적인 결핍을 겪어본 사람이 그리 많지 않다. 사실 우리에게는 없는 게 없다. 이 부작용으로 말미암아 우리에게는 실패를 감당할 수 있을 만한 도구가 없다. 심지어는 실패를 인식조차 하지 못한다. 그러다 실패하고 넘어지면 그저 엎드려 울기만 한다. 우리 모두는 깨지기 쉬운 도자기 인형이 되어가는 중이다.

최근에 한 강연을 마치자마자 50대로 보이는 사람이 부랴부랴 달려와 질문을 했다. 어디를 가든 흔하게 받는 질문이었다.

"우리 아들은 학교 축구팀 주장이었어요. 듀크 대학교를 우등으로 졸업했고요. 그런 애가 어젯밤에 울면서 전화해서는 회사 상사가 메일로 막말을 했다고 하는 거예요. 애한테 무슨 일이 벌어지고 있는 걸까요? 그리고 제가 뭘 어떻게 해야 할까요?"

 그러게 말이다. 우리에게 대체 무슨 일이 벌어지고 있는 걸까?

 요즘 우리는 휘어질 줄 모르고 마냥 부러지기만 한다. 흘릴라치면 쏟아버린다. 실금만 가도 산산조각 난다. 〈뉴욕 타임스〉의 보도에 따르면, 청소년의 3분의 1이 임상적 불안증을 가지고 있다고 한다. 스마트폰을 들여다보면서 얻는 거라곤 자신이 얼마나 부족한 사람인가에 대한 깨달음뿐이다. 어제의 나비의 날갯짓이 내일의 공황 발작이 된다. 우울증과 고립감을 느끼는 사람들의 숫자와 자살률은 또 어떤가. 하나같이 지칠 줄 모르고 치솟는다. 우리는 감당을 못하고 있다. 오늘날 우리는 농부의 기술이 몹시도 필요하며, 하루라도 빨리 이것을 익혀야 한다. 현대 사회는 변동성, 불확실성, 복잡성이 가속화되고 있다. 변화? 말해 무엇 하랴. 끊임이 없다. 분열도 마찬가지다. 지금 이 순간에도 수많은 분열이 생기고 있다.

 우리가 만나는 사람들과의 관계성은 계속해서 돌고 돈다. 그리고 짓궂은 인생은 항상 계획과 다르게 흘러간다.

이러한 상황에서 우리에게 필요한 건 뭘까?

바로 그 농부처럼 되는 것이다.

그리고 우리가 원하는 건 뭘까?

바로 그 농부처럼 되는 것이다.

우리는 다가오는 모든 불확실성, 실패, 변화를 가져와 앞으로 쏘아 보내줄 동력원으로 삼아야 한다.

《어썸》이 말하고자 하는 것은 결국 회복 탄력성이다. 이 책은 연구에 기반을 둔 아홉 가지 비법을 소개한다. 변화에 저항하는 것이 아니라 변화에 대비하고, 툭하면 실패하는 것이 아니라 실패를 견뎌내고, 다른 사람들의 눈치를 보고 쉽게 상처받는 게 아니라 철면피처럼 당당해지고, 불안한 삶이 아니라 멋진 삶을 사는 방법을 경험을 빌어 쉽게 풀어갈 예정이다.

인생은 짧고, 연약하고, 아름답고, 소중하다. 그리고 우리는 모두 아주 멋진 사람들이다. 단지 길을 벗어날 때마다 경로를 되찾을 수 있도록 방향을 알려주는 화살표가 필요할 뿐이다. 이 책은 그 화살표 아홉 개를 담고 있다.

이 책을 읽는 여러분 모두가 좋아하길 바라며….

_닐 파스리차

contents

Chapter 01

매 순간
말줄임표를
찍을 것

Awesome!

나의 어머니는 1950년 케냐의 수도 나이로비에서 태어났다. 어머니는 도심 외곽에 있는 자그마한 집에서 8남매 중 말수 적고 부끄러움 많은 막내로 자랐다. 어머니가 태어났을 당시 케냐 인구의 대부분이 원주민인 흑인이었고 경제 발전을 위해 동원된 동인도 계층인 갈색 인종은 소수, 그리고 이들 모두를 지휘하는 위치에 있었던 영국인 식민주의자인 백인은 극소수였다. 어머니의 아버지, 즉 나의 할아버지는 1930년대에 인도 라호르에서 케냐로 이주했고, 그곳에서 철도 공사 인부로 일했다.

케냐는 1800년대 말 영국에 점령당한 이래로 1960년대 중반까지 독립을 이루지 못했다. 그래서 어머니가 태어난 해에도 여전히 영국의 식민 지배를 받고 있었고 백인이 모든 것을 주도했다. 정부 요직에 있는 사람들은 죄다 백인이었으며, 소위 말하는 좋은 학교 또한 모조리 백인에 의해 운영되었다.

어머니는 백인으로 태어나지 않았다. 다시 말해, 올바른 인종으로 태어나지 않았다. 게다가 올바른 성별로도 태어나지 않았다. 올바르지 않은 인종에 올바르지 않은 성별이라니, 이게 다 무슨 말일까 싶을 것이다.

어머니가 태어나기 전 할머니와 할아버지는 슬하에 딸 넷, 아들 셋 도합 일곱 명의 자식을 두고 있었다. 어머니와 이모들에게서 듣기로 할머니와 할아버지는 막내가 아들이기를 간절히 바랐다고 한다. 아들딸이 각각 네 명씩 짝이 맞도록 하기 위해서였다.

그 시대에 아들은 귀하고 모두가 간절히 바라는 존재였다. 그래서 대대로 남성의 교육과 훈련에 더 많은 돈이 들어갔다. 이 말인즉슨 남성은 경제적으로 자급자족할 수 있었다는 뜻이다. 반면에 여성은 남편이 매번 지갑을 열어주어야만 한 주 동안 식구들을 먹이고 입힐 식료품과 옷을 살 수 있었다. 전통적으로 여성의 결혼은 '출가해서' 남편의 가문에 합류하고 친정 부모 대신 시댁 식구를 보살피는 것을 의미했다. 그러니까 아들을 낳는다는 것은 연금 제도가 생기기 훨씬 이전부터 존재한 이른바 문화적 연금과도 같았다. 한 달에 한 번씩 노령 연금을 수령하듯, 밥을 차려주고 물을 떠주는 며느리가 생기는 것이었다.

게다가 전통 사회의 남성들은 지참금이라는 보상까지 덤

으로 받았다. 그렇다면 지참금이란 무엇일까? 지참금 제도는 신부의 부모가 신랑의 부모에게 선물을 보내는 케케묵은 인습이었다. '딸을 거두어준 덕분에 우리가 손을 덜 수 있게 되었다'라는 일종의 감사 인사였다. '케케묵다'라는 단어는 이런 어이없는 전통에 더할 나위 없이 찰떡 같은 말이다. 약 4천 년 전으로 거슬러 올라가 세계에서 가장 오래된 문헌으로 손꼽히는 함무라비 법전에도 지참금에 대해 언급한 부분이 있었다. 실제로 함무라비 법전에서는 지참금을 신랑의 가족에게 주는 '선물'이라고 표현했다. 보통 지참금에는 보석, 부동산, 엄청난 양의 현금이 포함되었다. 때문에 딸을 시집 보내야 하는 사람이라면 누구나 막대한 재정적 부담을 떠안을 수밖에 없었다.

할머니와 할아버지 역시 어머니의 출생과 동시에 거대한 추가 비용과 부담을 떠안았다. 어머니가 태어나 처음으로 눈을 뜬 상황을 상상해보면 너무나 마음이 아프다. 세상에 나오자마자 어머니의 눈에 들어온 건 실망한 기색이 역력한 가족들의 얼굴이 아니었을까? 가족적 부담과 환영받지 못한다는 느낌은 어머니에게 어떻게 다가왔을까? 고질적인 문화 규범은 마치 무거운 담요로 짓누르는 것 같은 방식으로 사람들을

압박했다. 눈에 보이진 않지만 뼛속까지 강렬하게 와닿는 힘
처럼 말이다.

케냐에서는 남자아이가 태어나면 친구들이나 이웃들
이 '바드하이 호!'라고 말했다. '멋지다, 최고다, 축하한다'라
는 뜻이다. 하지만 여자아이가 태어나면 '짤로 코이 나히'라
고 했는데, '힘내, 파이팅, 어쩔 수 없지, 계속 애써보아야겠네'
같은 의미로 번역된다. 어머니의 표현을 빌자면, 여자로 태어
난다는 건 모든 게 끝나버린 운명 같은 느낌과 다름없다고 한
다. 어머니는 이렇게 말했다.

"내 인생은 내 의사와는 전혀 상관없이 이미 정해져 있었어"

어머니의 성별, 문화, 전통은 하나같이 진부한 결승선을
가리키고 있었고 앞날이 뻔했다.

어머니의 인생은 단순한 한마디의 문장과도 같았으며,
미리 정해진 벌칙이나 마찬가지였다. 기회나 차선책은커녕
말줄임표에 생략되어 있을지 모를 일말의 가능성도 없었다.
그저 정해진 결론과 마침표만이 보일 뿐이었다. 어머니는 나
이가 들어가면서 어머니의 언니들, 즉 나의 이모들이 똑같은
문장을 향해가는 모습을 지켜보았다. 이모들은 한 명씩 뽑혀
나갔다. 그러고는 할아버지, 할머니가 정해준 남자에게 시집

가서 남편과 자식들에게 손수 만든 요리를 대접하고 남편과 시부모를 공양하는 삶을 살았다. 마침표로 끝나버리는 인생을 마주한 어머니는 선택의 기로에 놓였다. 운명에 순응하고 인생의 마침표를 찍을 것인가, 아니면 마침표를 넘어서는 삶을 개척할 것인가에 대한 선택이었다.

그렇다면 당신은 어떠한가? 삶에 선택권이 없다고 느낀 적이 있는가? 심지어 선택의 기회조차 없다고 느낀 적은? 아니면 마침표가 찍힌 문장처럼 삶이 이미 정해진 것 같진 않은가? 누구나 한 번쯤은 이러한 감정을 경험한다. 우리는 모두 인생이라는 문장이 끝나버린 듯한 운명론적인 감정을 느낄 때가 있다. 예를 들어, 뚜렷한 차선책이 보이지 않는 남성 중심적 문화에서 살아가거나, 아픈 가족을 돌보느라 자신을 챙길 여력이 없거나, 20년 동안 받은 교육의 대가로 대출의 덫에 걸린 채 직장에 얽매여 있거나, 다른 나라에 살고 있는 가족을 보러 가고 싶지만 비자 신청이 번번이 거절되거나, 마음처럼 승진이 되지 않거나, 회사에서 부당한 이유로 당신을 놓아주지 않을 수 있다.

지금 걷고 있는 길의 앞날이 뻔히 보이는데 도착지가 마음에 들지 않는다면 어떻게 할 것인가? 이럴 때 지녀야 할 아주 중요한 마음가짐이 있다. 포기? 당연히 아니다. 뒤돌아 도 망치는 것도 아니다. 우리는 삶이 그리 단순하지 않다는 사실을 잘 알고 있다. 그리고 졸업식 연설에서 흔히 들을 수 있는 '마음 가는 대로 해라, 좋아하는 일을 해라' 같은 조언들이 항상 통하지 않는다는 사실도 잘 알고 있다.

"마음이 시키는 대로 그 사람에게 고백했지만 차였어요."

"전 제가 좋아하는 일을 하고 싶지만 대출금도 갚아야 하고 책임질 것들도 많고 다른 사람들 생각도 해야 돼요."

계속 나아가겠다는 결정이 어려운 순간이 있다. 지금의 페이스를 유지하면서 멈추지 않고 계속 역할을 수행하겠다는 결심 자체가 너무나 힘든 것이다. 아무리 애를 써도 상황은 변하지 않을 것 같다는 생각에 지배당하고, 불가능하거나 고통스러운 환경에 지속적으로 노출되다 보면 여기에 순응하고 항복해버린다. 다시 말해, 마침표를 찍어버린다.

우리는 마침표를 바꾸어놓기 위해 가슴속에 잔잔한 용기를 간직해야 한다. 마침표 너머에 존재하는 자유의지를 볼 수 있어야 회복 탄력성을 가질 수 있다. 그러니 마침표 이후를 보겠다는 열정을 놓지 말자. 마침표 너머를 보고 '말줄임표'를 덧붙여 삶에 여지를 둘 줄 아는 마음가짐을 지녀보자.

오늘날까지 유용하게 쓰이는
500년 된 발명품

케임브리지 대학교의 앤 토너 박사는 오랫동안 말줄임표의 역사를 연구해왔다(농담처럼 들리겠지만 진짜다). 다행인 점은 토너 박사의 연구 덕분에 말줄임표의 기원을 찾아냈다는 것이다. 말줄임표는 로마의 극작가 테렌티우스가 1588년에 쓴 희곡《안드로스에서 온 처녀》의 영어 번역본에 처음 등장했다.

약 500년 전에 최초로 쓰인 말줄임표는 언뜻 작은 감자처럼 보인다. 한 개인이 전 세계에서 통용될 수 있는 새로운 문장 부호를 만드는 일은 쉽지 않다. 당시 테렌티우스 역시 외부의 도움을 받았다. 그가 말줄임표를 만들어낸 후 벤 존슨이 자신의 극에서 말줄임표를 사용하기 시작했다. 그다음 윌리엄 셰익스피어도 여기에 동참했는데, 셰익스피어가 말줄임표를 쓴 일은 지금으로 따지면 오프라 윈프리가 리트윗을 한 것이나 다름없는 파급력을 지니고 있었다. 이후로 버지니아 울프부터 조셉 콘래드까지 모두가 말줄임표를 쓰기 시작했다. 오늘날에는 영국 출신의 세계적인 가수 아델의 새 앨범 광고에서도 말줄임표를 찾아볼 수 있다.

토너 박사는 한술 더 떠 말줄임표에 대한 책까지 썼다. 그녀는 자신의 저서 《영문학에서의 말줄임표 사용》에서 말줄임표에 대해 다음과 같이 서술했다.

"말줄임표는 한마디로 눈부신 혁신이었다. 그전까지 출판된 희곡 중에서 미완성 문장을 이런 식으로 표기한 전례는 없었다."

미완성 문장? 그렇다면 미완성 문장에는 어떤 것들이 있을까? 답은, 모든 것이다. 우리가 하는 모든 일, 우리가 걷는 모든 길, 우리가 받는 모든 진단, 우리가 맞닥뜨리는 모든 장벽, 장애물, 실패, 거절 등과 같은 경험이 인생의 미완성 문장들이다.

요컨대 우리가 할 수 있는 최선의 선택은 말줄임표를 찍고 끊임없이 앞으로 나아가는 것이다.

마침표를 넘어서면 생기는 일

다시 케냐 이야기로 돌아가보자.

    나의 어머니는 엄청난 정치적, 문화적, 가정적 압박에 둘러싸여 있었다. 어머니는 자신이 처한 문화 규범을 탓하는 대신 고개를 숙이고 침묵하는 편을 택했다. 그러면서도 계속 나아갈 방법을 모색하며 말줄임표를 찍는 일을 멈추지 않았다.

    어머니의 세 오빠들이 가족의 칭찬, 관심, 교육비를 줄기차게 받아가는 동안에 어머니는 언니들과 청소를 하고, 요리를 하고, 빨래를 했다. 어머니는 오빠들처럼 제대로 된 교육을 받지 못해 머리가 굳어버릴까 봐 시간이 날 때마다 앞뜰에 앉아 지나가는 차들의 번호판을 외웠다. 정신적인 도전에 늘 목말라 있었기에 이 갈증을 해소할 수 있는 안전한 공간을 찾았던 것이다. 하고많은 것 중 왜 하필 번호판이었을까? 어머니는 후에 이렇게 답해주었다.

    "달리 외울 만한 게 없었거든. 일종의 나 혼자만의 게임이었던 거지. 그냥 내가 번호판 외우기를 할 수 있는지 시험해본 거야."

    어머니는 멀리서 익숙한 차가 보이면 번호를 짐작하고 번호를 맞히면 조용히 자축했다. 밤이면 소란스러운 부엌 한 구석의 흐릿한 조명 아래에서 수학 공부를 했다. 가족들은 어머니를 희한한 사람으로 취급했다. 그도 그럴 것이 이모들은 학교 공부를 열심히 하지 않았기 때문이다. 어차피 밥을 차리고 물을 떠올 인생인데 공부가 다 무슨 소용이냐고 했다.

막내인 어머니와 어머니의 형제자매들의 터울이 컸던 터라 어머니가 학교 갈 나이가 되었을 즈음에는 다들 집에 없는 경우가 많았다. 그래서 어머니는 대체로 혼자서 공부했다. 게다가 어머니의 부모님은 잠자리에서 책을 읽어주거나 학교 과제를 도와줄 시간이 없었다. 물론 부모님의 도움을 받을 수 있었다면 좋았겠지만 어쨌든 현실적으로 불가능했다. 어머니는 산더미 같은 교과서와 과제물과 그 위를 굴러다니는 필기도구와 싸우며 학업 문제를 알아서 해결해야 했다. 안 되면 될 때까지 무한 반복하면서.

어머니는 열세 살이 되던 1963년 정부에서 실시하는 표준 전국 시험을 치렀고 결과는 아주 놀라웠다. 어머니가 가장 높은 점수를 받아 전국 1위라는 기염을 토했던 것이다. 어머니는 갑자기 두둑한 장학금을 품에 안게 되었고, 가족의 곁을 떠나 영국 식민주의자의 백인 자녀만 다닐 수 있었던 영국식 사립 기숙 학교에 입학했다. 막내인 어머니는 8남매 중 처음으로 학업을 목적으로 집을 떠나 기숙 학교에 들어갔다. 장학금이라는 걸 받은 사람도 당연히 어머니가 처음이었다.

어머니는 성장하는 내내 자신의 이야기에 말줄임표를 찍어나갔다. 번호판을 외우는 게임을 만들어내고, 요리와 청소를 끝마치면 따로 공부와 숙제를 하면서 말이다. 덕분에 어머니는 마침표 너머로 나아갈 수 있었고 어머니의 성장 스토리는 쭉 이어질 수 있었다. 하지만 어머니의 앞에는 늘 새로운 마침표들이 놓여 있었다. 어머니는 말했다.

"학교는 믿을 수 없을 정도로 좋았어. 지상 낙원 같았다니까. 교정이 엄청 예뻤거든. 백인들만 다니는 학교가 있다는 사실에 대해 알고는 있었어. 이 학교들이 지배 계층들을 위한 교육 시설이란 것도 알았고. 그런데 막상 학교에 가보니 애들이 생각보다 엄청난 부자인 거야. 하나같이 운전기사가 달린 고급 차를 타고 등교하더라고. 난 학교 분위기에 완벽하게 압도당해버렸어. 너무 두려웠지. 내가 그런 학교에 다니게 될 줄은 상상도 못했으니까. 다른 학생들과 내가 동등하다는 생각은 꿈에도 하지 못했어. 그저 집에 가고 싶은 마음만 굴뚝같았어."

과감히 마침표를 넘어섰다가 감당이 되지 않아 무서운 마음에 그만두고 싶었던 경험이 누구나 한 번쯤은 있을 것이다. '내가 이런 고급 사립 학교를 다닐 수 있을까? 다른 애들에 비해 난 너무 뒤처지는 것 같아.'라고 생각하면서 말이다.

이와 비슷한 감정은 일상 어디에서든 생길 수 있다. 마침내 원하던 승진을 했지만 새로운 업무에 새로운 상사까지 새로운 것투성이인 현실에서 도망치고 싶어진다. 아팠던 가족이 나으면 간호하느라 시간이 없었다는 핑계가 더 이상 먹히지 않는 미래를 마주해야 한다. 해외 취업 비자가 승인되면 익숙한 고향과 나이 든 부모님을 뒤로하고 낯선 곳에서 완전히 새로운 시작을 할 수밖에 없다.

겨우 마침표를 넘어섰는데 또 다른 고생길이 새롭게 펼쳐진다면 시작하기 전에 기권하고 싶어진다. 더 이상 움직이거나 싸우거나 일하거나 노력하지 않아도 되게끔 새로운 문장의 마지막에 커다란 마침표를 찍어버리고 싶은 유혹이 드는 것이다. 그러나 이 유혹에 넘어가면 삶의 유의미한 변화는 기대하기 힘들다.

감당하기 힘든 현실을 마주했다 하더라도 무턱대고 포기하지 말고 대신 말줄임표를 찍은 다음 차분하게 차선책을 찾아보자. 아무리 느리더라도 움직임을 멈추지 않는 것, 이야기를 지속하는 것에는 커다란 힘이 있다는 믿음을 가져보자.

학교 입학 후 몇 년 동안 어머니의 삶은 주기도문을 외우고, 셰익스피어 구절을 암기하고, 구내식당 구석에서 반숙란을 먹는 일의 반복이었다. 친구도, 가족도 멀리하고 책 속에만 파묻혀 지내던 어머니는 열일곱의 나이로 졸업을 하면서 그제야 삶이 정상 궤도에 올라선 듯 해냈다는 뿌듯함과 모든 것이 제자리를 찾아가고 있다는 안정감을 가질 수 있게 되었다. 그 즈음 어머니의 아버지에게서 연락이 왔고 집으로 돌아오라는 통보를 받았다.

"나 곧 죽는다. 집에 와서 네가 해야 할 일을 해라."

그러고 나서 며칠 뒤 어머니의 아버지이자 나의 할아버지는 세상을 떠났다. 당시 동아프리카에서는 폭력과 정치적 불안이 갈수록 심화되고 있었다. 독재자 이디 아민이 우간다에 거주하는 동아시아인들을 통치 중이었고, 우간다와 이웃한 케냐 역시 그의 지배하로 넘어가는 건 시간문제에 불과하다며 사람들은 공포에 떨었다.

어머니가 어린아이였던 시절에는 말줄임표를 쓰는 일이

어느 정도 가능했지만, 10대에 접어들면서 새로이 맞닥뜨린 난관은 그리 만만하지 않았다. 어머니의 아버지가 갑작스럽게 세상을 떠났고 고향은 안전하지 않았다. 게다가 지참금을 긁어모아 어머니에게 남편을 찾아주어야 한다는 문화적 부담감이 어머니의 어머니, 즉 나의 할머니의 어깨를 무겁게 짓누르고 있었다.

"어떻게든 교육을 받았으니 잘했다. 하지만 이제부터는 널 시집보내는 데 온 힘을 쏟아야 할 것 같구나."

어머니의 오빠들과 언니들은 흩어져 각자의 가정을 꾸렸고, 어머니와 할머니는 단둘이 영국으로 건너가 런던에서 지냈다. 그러다 캐나다에 살던 나의 아버지가 여름 방학을 맞아 영국으로 갔고, 가족의 소개로 만나게 된 어머니와 아버지는 단 한 번의 데이트 후 몇 주 뒤에 중매결혼을 했다. 결혼 후 아버지는 어머니를 캐나다 토론토 동부의 흙먼지 날리는 작은 시골에 있는 집으로 데려갔다. 이러한 일련의 상황은 어머니에게 있어서 갑자기 찍힌 또 하나의 마침표나 다름없었다.

어머니의 해외 이민은 속전속결로 처리되었다. 어머니는 다른 인도인은 전혀 찾아볼 수 없는 황량한 시골에 뚝 떨어졌다. 그렇게 결혼식을 포함해 딱 두 번 만난 남자와의 결혼 생활이 시작되었고, 의지할 만한 가족과 친구는 전부 다 이역만 리에 있었다. 당시 어머니의 심정이 어땠을지, 얼마나 무섭고 외로웠을지 나로서는 짐작조차 할 수 없다. 어머니에게 있어 서 캐나다는 또 다른 도전이자 비애였고, 꼬일 대로 꼬인 실 타래나 마찬가지였으며, 마침표가 찍힌 것처럼 느껴지게 하 는 장소였다. 그럼에도 어머니는 움직임을 멈추지 않았다. 계 속해서 나아갔고, 계속해서 말줄임표를 찍었다.

교사였던 아버지는 방과 후 바비큐 파티나 로터리 클럽 (사회봉사와 세계 평화를 표방하는 실업가 및 전문 직업인들의 단체 - 옮긴이)의 로스트비프 만찬에 어머니를 데려갔다. 그곳에서 어머니와 아버지는 수십 명의 백인들과 어울렸다. 그 시절에 캐나다에서 인도 음식이 흔할 리 만무했고 모임의 단골 메뉴 는 고기였다. 캐나다에 오기 전까지 어머니가 고기를 먹어본 횟수는 한 손에 꼽을 정도였다. 70년대에 그것도 캐나다의 시 골 마을에서 채식을 한다? 이 말인즉슨 베이컨을 골라낸 시 저샐러드로 끼니를 때우고 허기진 배 속을 달래며 귀가해야 한다는 뜻이었다. 하지만 어머니는 낙담하거나 불평 불만을 쏟아내지 않았다. 어머니는 주어진 환경에 그냥 묻어갔다.

어머니는 이전까지 사교 댄스라는 걸 추어본 적이 단 한 번도 없었다. 심지어 사교 댄스라는 말 자체를 들어본 적도 없었다. 하지만 아버지가 생각하는 '재미'는 동네 독일 문화 클럽인 클럽 로렐라이에서 어머니와 왈츠를 추는 것이었다. 때문에 어머니는 어쩔 수 없이 아버지를 따라 왈츠를 추러 다녀야 했다. 이 이야기를 처음 들었을 때 나는 깜짝 놀라 어머니에게 물었다.

"어머니는 왈츠 같은 거 안 추시잖아요!"

어머니는 말했다.

"왈츠뿐이었겠니? 네 아버지가 하던 모든 걸 해본 적이 없었지. 근데 어쩔 도리가 없잖니. 집에 앉아만 있으라고? 그래서 그냥 단순하게 생각하기로 했어. 지금까지는 왈츠를 추지 않았지만 앞으로 춰보겠다, 하고."

나는 어머니에게 그토록 많은, 그것도 급격한 변화를 어떻게 감당했냐고 자주 물어보았다. 낯선 나라, 두 번의 만남으로 남편이 된 사람, 새로운 직업, 친구, 음식, 취미 등을 어떻게 받아들였는지 너무도 궁금했기 때문이다. 아무리 어머니가 쉬지 않고 나아가는 유형의 사람이라 해도 자신을 비롯한 모든 것을 갑자기 바꾸는 게 어떻게 가능했을까? 소위 말하는 생존 본능이었을까?

이에 대해 어머니는 그저 차선책들을 열어두었을 뿐이라고 대답해주었다. 어머니의 사고방식은 지금까지 내가 언급한 내용과 일맥상통하는 면이 있다. 즉, 문장의 마지막에 말줄임표를 찍고, 눈앞의 문들이 죄다 닫혀버렸다고 생각하는 대신 상황이 벌어지도록 내버려두는 것이다. 그러다 보면 자신의 위치가 눈에 들어오고 앞으로 나아가는 길 또한 자연스럽게 열리게 된다.

차선책은
무한하게

말줄임표를 찍는 것의 가치를 확인해주는 메사추세츠 공과 대학교의 연구가 있다. 댄 애리얼리와 신지웅 교수는 미래에 차선책 하나를 잃을 수 있다는 단순한 가능성이 선택에 대한 매력을 증가시키며, 사람들은 이 선택을 유지하기 위해 금전적인 투자도 서슴지 않는다는 연구 결과를 보여주었다. 그들은 연구에서 다음과 같이 설명했다.

"비효용성의 위협이 사람을 더욱 애타게 한다."

요점은, 비록 인정하거나 이해하거나 실천하기 어려울지언정 우리는 무의식중에 말줄임표 찍기를 매우 갈망한다는 것이다.

인생은 태어난 순간부터 이어지는 무한한 가능성의 여정이다. 무엇이든 될 수 있고, 어떤 일이든 할 수 있으며, 어디든 갈 수 있다. 그러니 생의 마지막 순간까지 머릿속에 차선책들을 최대한 오랫동안 열어놓자. 인생이 우리를 안드로메다로 보내버리거나 미끄러운 도로 옆 낭떠러지로 밀어버리려고 한다면, '어디 한번 두고 보자' 하며 맞서야 한다. 그러면서 앞으로 나아가기를 멈추지 않고 말줄임표라는 근육을 키우기 위해 끊임없이 노력해야 한다.

말줄임표 찍기를 가능하게 하는 말

말줄임표 찍기. 이 얼마나 간단명료한가. 다만 문제는 방법이다. 어떻게 해야 말줄임표를 찍을 수 있을까? 넘어지는 순간, 감정이 휘몰아치는 순간, 눈앞에서 빛이 사라지는 순간에 어떻게 대처하면 좋을까? 말줄임표 찍기 이론을 실제에 적용할 수 있도록 도와주는 이른바 도구 같은 게 있을까? 있다면 과연 무엇일까?

간단히 말하면, 자기 자신의 사전에 단어 하나만 추가하면 된다. 나는 자라면서 어머니가 이 단어를 말하는 것을 수없이 들었다. 이 단어는 바로 '지금까지는(yet)'이다. '지금까지는'이란 말은 '난 못해, 난 안 해, 난 아니야'로 귀결되는 모든 문장에 덧붙일 수 있는 마법의 단어다.

여기서 잠깐! 누군가는 분명 사람들을 너무 부정적으로 평가하는 게 아니냐며 이의 제기를 할 것이다. 우리는 살면서 수많은 말을 하고, 그중에는 부정적인 말도 당연히 섞여 들어갈 수 있지 않겠느냐면서 말이다. 하지만 미처 인지하지 못할 뿐 우리는 스스로의 문제점에 지나치게 집착하고 그 문제를 만천하에 드러내놓는다. 가령, 프레젠테이션이 뜻대로 되지 않으면 "난 말주변이 왜 이렇게 없을까."라고 하고, 운동 팀에서 잘리면 "난 스포츠에는 영 소질이 없는 모양이야."라고 하고, 혈액 검사 결과가 좋지 않으면 "난 건강 관리를 너무 소홀히 했어."라고 하면서 자동적으로 자기 탓을 한다.

비단 실패할 때뿐만이 아니다. 우리가 어떤 행동을 계속해나갈 때 부정적인 말은 더욱 은밀한 영향력을 가진다. 아무 의심 없이 눈앞의 길을 따라 걷거나, 색칠 공부장의 정해진 선 안에만 색칠을 하거나, 땅바닥에 그려놓은 칸 안에서만 땅따먹기 놀이를 한다.

"사랑하지 않는데 결혼을 왜 해?"

/ "새로운 사람을 만날 수 없을 것 같아서."

"다른 사람은 잘 챙기면서 네 자신은 왜 돌보지 않아?"

/ "어쩔 수 없어서."

"가고 싶지도 않은 로스쿨은 왜 가?"

/ "달리 할 줄 아는 게 없어서."

이런 대화 패턴은 일상생활에서 흔히 볼 수 있다. 충분히 계속 이어질 수 있었던 문장에 마침표를 보란 듯이 쾅쾅 찍어버리는 것이다. 물론 관두고 포기하거나, 얽히고설킨 실타래를 그냥 끊어내는 쪽이 훨씬 쉽다. 마구 엉켜버린 실타래를 푸는 건 어렵고 시간이 걸리듯, 자기 판단의 마지막에 '지금까지는'을 덧붙이는 일은 그리 간단하지 않다.

그렇다면 마법의 단어 '지금까지는'을 실전에서 써보면 어떻게 될까?

"새로운 사람을 만날 수 없을 것 같아서…, 지금까지는."

"어쩔 수 없어서…, 지금까지는"

"달리 할 줄 아는 게 없어서…, 지금까지는"

우리 자신을 규정하는 문장에 '지금까지는'을 덧붙일 수 있는 용기가 생기면 차선책을 열어놓을 여유가 따라온다. '지금까지는'이라는 단어는 자율권을 안겨주고, 마음속에 굳건하게 자리 잡고 있던 부정적인 확신에 자그마한 물음표를 끼워 넣어주고, 할 수 없다 또는 할 수 있다는 상반되는 두 가지 가능성을 모두 고려하게 해준다.

'지금까지는'은 여지를 주는 단어다. 이 단어는 뒤에 '다음 이야기'를 이어갈 수 있게 해준다. 나의 어머니는 살면서 수많은 도전을 맞닥뜨렸지만 단 한 번도 자신의 이야기를 끝내지 않았다. 갑작스러운 정신 질환의 발병, 사이가 가장 각별했던 이모의 충격적인 죽음 등 마침표로 닫혀버릴 수 있었던 순간들을 숱하게 겪었음에도 늘 말줄임표를 찍는 쪽을 택했다.

이러한 마음가짐은 실패나 좌절의 순간에 회복 탄력성을 가질 수 있게 해주는 기본 자세라 할 수 있다. 회복 탄력성은 특별한 게 아니라, 문이 철컥 닫히는 소리를 들은 순간 문틈으로 새어 나오는 가느다란 빛줄기를 발견할 줄 아는 것이다.

"졸업 파티를 함께할 파트너 신청을 죄다 거절당했다고?"

/ "같이 갈 사람이 없네…, 지금까지는."

"승진에서 누락됐다고?"

/ "관리자 자리에 못 올랐네…, 지금까지는."

"콜레스테롤 수치가 안 좋다고?"

/ "운동을 안 해서 그러네…, 지금까지는."

어머니는 20대 중반에 조국을 떠나 완전히 새로운 대륙에서 살게 되었을 때에도 마침표를 찍지 않았다.

"여기는 어딘가 좀 어색하고 불편해…, 지금까지는."

오로지 가족의 뜻대로 중매결혼을 했을 때에도 마침표를 찍지 않았다.

"난 이 남자에 대해 잘 모르는데…, 지금까지는."

새로운 종교와 새로운 언어로 새로운 신에게 기도를 해야 했던 기숙 학교에서도 마침표를 찍지 않았다.

"이 학교를 잘 다닐 자신이 없어…, 지금까지는."

그리고 넷째 아들이 간절했던 집안의 다섯째 딸로 태어났을 때에도 마침표를 찍지 않았다.

"내가 뭘 해야 할지 모르겠어…, 지금까지는."

어머니는 일이 뜻대로 풀리지 않는다고 해서 결단코 의

기소침해하거나 포기하지 않았다. 그저 한 줄기 빛을 향해 나아가기를 멈추지 않았다.

위기를 맞아 추락하는 것 같은 기분이 들더라도 그 감정에 잠식당해 스스로 마침표를 찍는 일은 하지 말자. 대신 말줄임표를 찍는 용기를 가져보자.

Chapter 02

스포트라이트를
옮길 것

Awesome!

당신의 첫 정식 직업은 무엇인가?

나는 정식 직업을 갖기 전까지 다양한 아르바이트를 했다. 신문 배달, 낙엽 청소, 아이 돌봄도 해보았다. 사촌이 운영하는 약국에서 계산원 일도 했었다. 나는 나름대로 이 일들을 잘 해냈었다. 고무줄로 묶은 신문을 멋지게 날려서 현관 앞에 무사히 안착시켰고, 낙엽을 쓸어 모았다 하면 거대한 낙엽 더미를 탄생시켰으며, 아이들과도 잘 놀아주었다.

그렇다면 과연 첫 번째 정식 직장에서는 어땠을까? 나의 첫 직업은 생필품계의 초거대 기업 프록터 앤드 갬블(Procter & Gamble)의 브랜드인 커버 걸과 맥스 팩터의 어시스턴트 브랜드 매니저였다. 흔히들 P&G라 줄여 부르는 바로 그 회사다. P&G는 대학교를 졸업하자마자 들어간 첫 직장이었다. 나는 거기서 말 그대로 완전히 죽을 쑤었다. 첫 출근 날 스물두 살의 나는 버스 한 번, 지하철 두 번을 갈아타고 회사에 도착했다. 지하철역을 나서자 혼잡한 도로가 이어지는 언덕길 꼭대기에 완벽하게 자리 잡은 거대한 P&G 빌딩이 하늘을 찌를

듯 서 있었다. 대학을 갓 졸업한 풋내기였던 나는 두려움, 설렘, 긴장으로 가득했고 여기에 약간의 허세도 좀 있었다.

나는 P&G에 들어가기 위해 수천 명의 다른 지원자들과 수학과 영어 시험을 치렀고, 길고 긴 온라인 지원 과정을 거쳐야 했다. 그다음에는 인사 담당자들과 단체 회식을 하고 1차 면접을 본 뒤 TV 쇼 '아메리칸 아이돌'의 지원자들처럼 대도시로 현장 견학도 갔다. 다만 이들처럼 감동과 기쁨의 눈물을 흘리면서 극적인 장면을 연출할 시간 따위는 없었다. 회사는 최종 면접을 위해 일등석 기차표, 와인, 식사비를 제공해주는 대신, 나를 압박 질문 공세를 펼칠 심사 위원단 앞에 세워놓았다.

내가 긴장한 가운데서도 약간의 허세를 부렸던 이유는 합격 통보를 해준 인사 담당자의 말 때문이었다.

"열 군데가 넘는 대학교를 돌아다녔고 면접도 수없이 진행해왔습니다. 본사에까지 온 지원자들이 꽤 되지만 우리가 선택한 사람은 바로 당신입니다. 당신은 본사에서 하계 인턴 사원으로 일한 경험이 없음에도 올해 유일하게 정직원으로 고용된 졸업생입니다."

내로라하는 세계적인 대기업이 최종적으로 나를 선택한

이유가 너무나 궁금했다. 나는 평균 수준의 지원자였다. 학교에는 나보다 탁월하고 우수한 성적으로 졸업한 학생들이 수두룩했다. 그에 비해 나는 굉장히 평범했다. 학업 면에서 이렇다 할 성과 한번 내본 적이 없고 그럭저럭 현상 유지나 하는 학생이었다. 그러나 P&G의 생각은 달랐던 모양이다.

"우리는 천재들만 뽑는 게 아니라 균형 잡힌 학생들도 찾고 있습니다. 본사의 채용 과정은 매우 철저해서 모든 지원자, 그러니까 거의 모든 지원자를 걸러냅니다."

P&G가 나 한 사람 뽑자고 수십만 명의 지원자를 탈락시켰단다.

나는 학교에서 같은 기수 졸업생들의 연봉을 공개한 정보를 찾아보았다. 마케팅 전공자들은 2만4천 달러에서 5만1천 달러의 연봉을 받고 있었다. 내 초봉은 5만1천 달러였다. 그해 마케팅 관련 학과 졸업생 중 내 연봉이 가장 높다는 뜻이었다. 다시 말해, 전체 연봉 범위의 최상위권이었던 것이다. 심지어 계약 체결과 동시에 지급되는 사이닝 보너스와 4주간의 휴가, 다 누릴 수나 있을까 싶은 각종 복지 혜택은 연봉과 별도였다.

복지로는 속된 말로 미친 혜택이 주어졌다. 내 자리의 냉

난방이 나를 제대로 향하고 있는지, 내 책상과 키보드가 정확한 위치에 있는지, 내 싸구려 구두를 받치고 있는 발 받침대가 인체 공학적인 각도로 알맞게 기울어져 있는지 등을 확인하기 위해 새하얀 작업복을 입은 인체 공학 전문가 둘이 내 자리를 찾아왔다. 내 책상 온도를 바꾸고 싶으면 언제든 전화기 버튼 하나만 눌러서 코스타리카의 P&G 부서와 통화하면 되었다. 치아 교정, 심리 상담, 심지어 신발 깔창까지 제공되었다. 여기에 매일 사내에서 풀타임으로 근무하는 안마사들에게 마사지를 받는 비용도 연 2~3천 달러씩 나왔다. 그들은 이렇게 말하곤 했다.

"회의 전후에 제발 시간 좀 내요. 목뒤에 뭉친 거 풀어야죠."

첫 출근 날 나는 황금 티켓을 들고 초콜릿 공장에 입장한 찰리가 된 것마냥 P&G 로비에 들어섰다. 나는 로비에서 상사인 스테이시를 만났다. 30분 늦게 도착한 스테이시는 내가 일하게 될 사무실로 올라가는 엘리베이터 안에서 늦은 데 대해 정중하게 사과했다. 엘리베이터에서 내리니 파티션에 둘러싸인 직소 퍼즐 같은 공간이 나왔다. 마치 실험 쥐가 치즈를 찾아 헤매는 미로 박스 같았다. 빳빳한 와이셔츠를 입고 미간을 찌푸린 남자들이 복사기에서 서류 더미를 꺼내 들고 뛰다시피 하며 지나갔다. 사방의 유리 벽이 비추는 녹음이 우거진 아름다운 계곡, 도심의 웅장한 고층 건물, 저 너머에서 반짝이는 푸른 호수의 풍경은 한 장의 엽서처럼 완벽했다.

자리를 안내 받고 책상에 가보니 노트북 한 대가 올려져 있었다. 도킹 스테이션에 자물쇠로 고정된 채였다. 잠금 장치를 물끄러미 쳐다보는 나를 의식한 스테이시가 말했다.

"걱정 말아요. 족쇄는 컴퓨터에 채우지 당신 발목에 채우지 않으니까요. 이쪽 업계는 산업 스파이와 헤드헌터 문제가 커요. 경쟁사들이 우리 쓰레기통까지 뒤질 정도니 말 다했죠. 우리는 비밀 유지를 아주 중요하게 여긴답니다."

스테이시가 명함 박스를 건네주었다. 그런데 명함에 내 이름, 회사 이름, 대표 번호만 찍혀 있었다. 명함에서 직위, 메일 주소, 직통 전화번호 같은 건 찾아볼 수 없었다. 마치 반드시 신분을 숨겨야 하는 암살자라도 된 듯했다.

"우리는 명함에 직원들의 직위나 연락처를 넣지 않아요. 헤드헌터들이 우리 회사의 조직도를 파악할지 몰라서요. 게다가 명함에 개인 번호가 있으면 하루 종일 전화만 받아야 할 걸요. P&G에서 일한다는 건 전 세계 어느 마케팅 업무라도 따낼 수 있는 골드 패스라는 사실을 모르는 사람은 없으니까요. 우리 회사는 리셉션 직원들에게도 헤드헌터와 경쟁사 사람들을 걸러내는 교육을 시켜요. 그러니 업무 중에 귀찮은 일이 생기지는 않을 거예요."

그제서야 '프록토이드(Proctoid)'라는 농담이 이해되기 시작했다. 나보다 더 나이가 많은 친구들에게 내가 프록터 앤드 갬블에 입사했다고 말했을 때 그들은 P&G 직원을 아름답고 성공적인 안드로이드라고 지칭했었다. 완벽한 치열을 뽐내는 미소를 짓고, 언제나 친절한 회의 매너를 가지고, 헬스장에 다니면서 규칙적으로 운동하고, 아주 건강한 음식만 먹고, 말하거나 글 쓰는 방식이 똑같고, 심지어 옷도 비슷하게 입는 안드로이드 말이다.

첫 출근일의 다음 일정은 '사장과의 오찬'이었다. 나는 사장님, 그리고 하계 인턴십을 마치고 정직원으로 입사한 동기들과 다 같이 테이블에 둘러앉았다. 돌아가며 자기소개를 하다 보니 아무 경험이 없는 신참은 나뿐이었다. 각자 소개가 끝나고 사장의 한마디 시간이 돌아왔다. 그는 검고 풍성한 곱슬머리를 한 40대 후반의 세련되고 잘생긴 남자였다. 그가 입을 열었다.

"여러분은 이 방에 있는 사람들이 모두 일류 경영 학교를 갓 졸업한 사람들임을 눈치챘을 겁니다. 우리는 그런 분들만 고용합니다. 우리는 100% 사내 승진 정책을 가지고 있습니다. 우리는 경력 2년, 5년, 혹은 10년인 사람을 뽑지 않습니다. 경험이 거의 없는 사람들만 뽑습니다. 우리는 여러분이 이곳에서 성공하기를 바랍니다. 사실은 성공해주셔야 합니다. 실패한다면 그것은 우리의 채용 시스템에 허점이 있다는 뜻이겠지요. 앞으로의 과정에 대해 간략하게 언급하면, 여러분 중 절반은 2, 3년 안에 다음 직급으로 승진하게 될 것입니다. 그리고 그중 절반은 다음 단계로 넘어갈 것이고요. 그 사람들 중에서 절반만이 또 그다음 단계로 넘어갈 것입니다. 저 역시 20년 전에 지금의 여러분들과 같은 자리에서 시작했습니다."

세계적인 기업의 사장답게 단연 인상적인 사람이었다. 그 자리에 있던 사람들은 모두 그처럼 되고 싶어 하는 얼굴이었다. 우리는 젊고, 생생했고, 무엇이든 그릴 수 있는 백지 같았다. 앞서 말했듯 P&G 직원이 된다는 건 찰리의 황금 티켓 같은 기회가 분명했다. 그럼에도 내 마음속에서는 뭔가 석연치 않은 감정이 자라나고 있었다. 오리엔테이션과 메일 작성 워크숍을 마치고 나자 그 감정은 점점 확신이 되어갔다.

명함에는 써 있지 않았지만 내 직함은 커버 걸과 맥스 팩터의 어시스턴트 브랜드 매니저였다. 나는 P&G 내에서 상대적으로 작은 규모를 차지하고 있던 맥스 팩터 브랜드 전체 및 커버 걸의 주요한 파트인 눈과 입술 부문을 담당했다. 어시스턴트 브랜드 매니저는 말하자면 해당 브랜드의 책임자였다. 나는 광고를 어디에 얼마나 할지, 제품의 가격을 얼마로 책정할지, 신제품을 언제 소개할지, 제품을 언제 내릴지 결정하는 업무를 담당했다. 나는 셀 수 없이 많고 다양한 출처에서 데이터를 가져와 거대한 엑셀 스프레드시트에 입력하고, 이를 그래프와 차트로 만든 다음, P&G의 명물인 '한 페이지 제안서'에 핵심만 요약해서 정리했다.

당시 나는 지면 광고보다 온라인 광고에 좀 더 집중할 것을 제안하고 싶었다. 그래서 2주 동안 모든 지면 및 온라인 광고에 대한 판매 기록을 뒤졌고, 온라인 광고에 들이는 1달러가 3달러의 매출을 내는 것에 비해 지면 광고에 들이는 1달러는 2달러의 매출을 낸다는 사실을 증명하는 통계적 추론을 도출할 수 있었다. 내가 찾아낸 모든 자료를 한 페이지의 요약본으로 정리하고 회의에서 발표한 다음 고위급 상사들의 결재를 받을 때까지 2주의 시간을 더 흘려보냈다.

나는 이 모든 과정을 해내기 위해 매일같이 밤 열 시까지 야근을 했다. 그리고 저격수마냥 말 그대로 정찰도 했다. 동료 벤과 함께 옆 건물에 있는 약국에 가서 선반에 진열된 제품의 가격을 몰래 적어와 엑셀 스프레드시트에 입력했던 것이다. 벤이 말했다.

"전국의 모든 소매점에서 이 작업을 해야 돼요."

"시간이 얼마나 걸릴까요?"

"매일 밤마다 한다고 쳤을 때 2주 정도? 장거리 운전을 해야 할 수도 있고 여러 도시의 사람들에게 전화도 걸어야 할 거예요. 이 데이터 시스템에 있는 모든 아이템의 가격과 취득 원가도 조사해야 하고요. 필요한 데이터가 없는 경우도 많아서 굉장히 헷갈리는 작업이에요."

나는 마케팅 업무는 파워 포인트 작업을 하고, 그래픽과 이미지를 다루며, 아이디어를 내는 건 줄 알았다. 하지만 실제로는 순 엑셀 업무뿐이었다. 데이터를 수집하고, 공식을 쓰고, 숫자들을 처리하는 일이었던 것이다. 나는 하루 종일 컴퓨터 화면만 들여다보았음에도 데이터를 제대로 뽑아내지 못했다. 5백 행짜리 스프레드시트에서 오류를 찾아내는 일에 젬병이었던 데에다, 메일 수신함에는 요청서들이 내가 감당할 수 있는 수준의 세 배 속도로 쌓여갔다. 더불어 불안감과 무력감이 갈수록 심각해졌다. 부정적인 내면의 목소리 또한 점점 커지기 시작했다. 죄다 나 자신에 대한 내용이었다. 모든 문장이 '난 형편없어, 난 실력이 없어, 난 못해'로 귀결되었다.

이렇게 거듭된 실패로 말미암아 의식하지 못하는 사이에 스스로에게 비수를 꽂는 순간들이 늘어갔다. 얼마 안 가 상황은 더욱 악화되었다. 결국 나의 사수 스테이시의 상사인 토니와의 미팅 도중에 일이 터지고 말았다. 곧 있을 커버 걸 아웃 라스트 립스틱 론칭에 대한 토니의 질문에 내가 제대로 된 답변을 하지 못하고 횡설수설해버렸던 것이다. 회의가 끝나자마자 스테이시의 불호령이 떨어졌다.

"본인이 관리하는 데이터를 본인이 모르면 어떡합니까!"

"항목이 1천5백 개나 되는데요. 어떤 걸 질문할지 알 수 없잖아요. 너무 많아서 다 외울 수도 없어요."

스테이시가 나를 매섭게 노려보았다. 그 일이 있은 후 나는 야근과 주말 근무를 시작했다. 일련의 문제들이 나로 인해 생긴 것 같았기 때문이다. 정황상 내가 더 열심히 일해야 하는 게 당연한 듯했기에 아무 의심 없이 나 자신을 밀어붙였다. 나는 주말에 출근했다가 사내 주차장에 스포츠카들이 꽉 들어차 있는 광경에 놀라지 않을 수 없었다. 이 차들의 주인들은 주말도 잊은 채 사무실에 앉아 새로 출시된 데오도란트를 어디에다 광고해야 할지, 홑겹 화장지 대신 세 겹 화장지를 출시해야 할지 등에 대해 고민하며 엑셀 스프레드시트를 켜놓고 키보드를 두드려대고 있을 터였다.

처음에는 부족한 시간이 문제인 것 같았지만, 갈수록 골칫거리는 나 자신인 것 같았다. 업무 능력이 모자란 것 같은 무거운 마음으로 출근할 때 배 속 깊은 곳에서부터 올라오는 자괴감을 경험해본 사람은 알 것이다.

그런데 우리가 주어진 역할을 제대로 해내지 못하는 사람들에게서 쉽사리 간과하는 부분이 있다. 바로 일을 못하고 싶어 하는 사람은 없다는 사실이다. 직장에서 무능력자로 낙인찍히고 싶은 사람은 없을 것이다. 그렇기에 일을 제대로 처리하지 못하는 현실을 자각하게 되면 굉장히 괴로울 수밖에 없다. 이는 당신이 신입이고 일을 배우는 위치에 있는 것과는 별개의 문제다. 또한 당신의 처지를 고려하지 않은 부당한 대우를 한다든가, 회사 구조에 근본적인 문제가 있다든가 하는 것과도 다른 문제다.

내가 말하고자 하는 바는, 월요일 아침부터 오늘은 이미 망했다는 생각으로 출근할 때의 기분, 일을 정말 잘하고 싶고 이를 위해 뭐라도 할 준비가 되어 있음에도 그 일을 잘하게 되는 날은 결코 오지 않을 것만 같은 기분에 대한 것이다. 이럴 때 '그냥 해!' 또는 '마음 가는 대로 해!' 따위의 상반된 응원 메시지가 머릿속을 가득 채운다. 그래서 뭔가를 할 수 없거나 잘 못한다고 인식될 경우 우리는 진퇴양난에 빠지고 만다. 그냥 그만두기('마음 가는 대로 해! 네가 좋아하는 일을 해!')도 뭣하고, 그렇다고 계속하기('그냥 해! 포기하지 마!')도 쉽지 않게 되는 것이다.

지금까지 자기 계발 산업은 꽤나 해롭고 모순적인 조언을 놀라우리만치 많이 제공해왔다. 이러한 조언을 가장한 모순으로 인해 우리는 마치 탄소 냉동되어 꼼짝할 수 없는 '한 솔로(영화 '스타워즈 시리즈'에 등장하는 캐릭터 - 편집자)'가 된 것처럼 결정을 내리지 못하고 갈팡질팡하는 상황에 놓이고 만다.

어느 순간부터 이갈이를 하고 이리저리 뒤척이는 잠버릇이 생겼다. 아침에는 극심한 복통을 느끼며 잠에서 깼다. 머릿속으로는 끊임없이 내가 연출한 연극이 상연되었다. 제목은 '칸막이 사무실 근로자의 죽음'이고 주인공은 나였다. 붉은 벨벳 커튼이 올라가면 나는 무대 한가운데에서 두 눈을 부릅뜨고 관중석을 바라보았다. 그러고 나면 스포트라이트가 내 눈과 내 얼굴과 내 실패를 밝게 비추기 시작했다.

실패는 널리 알릴수록 좋다

아프리카 말라위 음주주 대학교의 심리학자 마리센 므왈은 성취도가 낮은 청소년들과 높은 청소년들의 실패 요인으로 인지되는 요소들을 연구했다. 이 연구의 결과는 많은 사람들이 충분히 예상 가능한 사실을 확인시켜주었다. 그것은 바로 누구나 실패한다는 것이다. 이 사실을 모르는 사람은 없다.

그런데 우등생이 실패하면 어떻게 될까? 연구에 따르면, 성취도가 높은 학생들은 그렇지 않은 학생들보다 더욱 극심하고 뼈아프게 실패를 경험한다. 우등생들은 원하는 바를 이루지 못하면 "다 내 탓이야. 열심히 했지만 내가 부족했기 때문에 실패한 거야." 혹은 "내 실패의 원인은 나야." 등과 같은 결론을 내린다고 한다.

그렇다면 성취도가 낮은 학생은 어떨까? 이 학생들은 실패의 원인을 두고 운이 나빴다거나 과제가 어려웠기 때문이라고 하는 경우가 많다. 어찌 보면 징징거리는 것으로 보일 수도 있겠지만, 이들은 세상이 자신의 성공을 허락하지 않을 때 좀 더 솔직하게 받아들이는 경향이 있었다. 다시 말해, 성취도가 낮은 학생들은 스스로에 대해 좀 더 관대하며, 자신의 통제를 벗어난 요소가 결과에 영향을 미칠 수도 있다는 점을 인정할 줄 알았다.

사안이 중대해짐에 따라, 수준이 끝도 없이 상향됨에 따라, 실적의 기준이 더욱 엄격해짐에 따라 많은 사람들이 성취도는 높지만 자기 자신에게 혹독한 부류에 속할 위험 또한 커진다(나는 확실히 이러한 유에 속한다). 그렇다면 이와 같은 유형의 사람들은 어떻게 대처하면 좋을까? 일단 문제에 대해 되도록 많이 이야기해야 한다. 그러면서 실패를 드러내어 나누고, 도움을 요청하고, 완벽주의의 굴레에서 벗어나야 한다. 이렇게 해야 하는 이유는 무엇일까? 이렇게 함으로써 과연 뭐가 달라질까?

하버드 대학교 경영 대학원의 캐런 황, 앨리슨 우드 브룩스, 라이언 뷰엘은 '악의적인 질투를 완화시키는 법: 성공한 사람이 자신의 실패를 드러내야 하는 이유'라는 연구 보고서에서 실패 사례를 나누는 것이 인간다워지는 데 도움이 된다는 사실을 밝혀냈다. 이를테면, "아, 망했다!"라고 드러내놓고 말하면 상대방은 나를 현실 어디서나 볼 수 있을 것 같은 평범한 사람으로 인식하며 나아가 공감도 느끼게 된다는 것이다. 실패를 공감하게 되면 대인 관계가 좋아지고 '부러움'이 커진다고 한다. 여기서 말하는 부러움이란 선의적인 질투심으로 악의적인 질투심의 반대 개념이다. 부러움은 실제로 다른 사람들에게 동기를 부여하고 사람들이 당신을 롤 모델로 바라보게 한다. 부러움은 좋은 의미로 쉽게 전염된다. 즉, 다른 사람들을 자극해서 그들도 자신의 성과를 향상시키게 한다.

어떤 일을 망쳐서 아무도 모르게 숨기고 싶은 마음이 들 때마다 실패 경험은 누구에게도 해를 끼치지 않는다는 사실을 떠올리고, 주변 사람들에게 털어놓으며 될 수 있는 한 많이 나누도록 하자. 그러면 다른 사람들과의 연대감이 형성되고 더불어 성장하게 될 것이다.

모든 게
내 탓인 것만 같은 기분

P&G에서는 대체 무슨 일이 벌어지고 있었던 걸까? 혼돈의 소용돌이 속에서 벌어지고 있던 일의 실체는 무엇일까? 나는 전적으로 내 탓만 하고 있었다. 내 실적, 성과, 피드백을 머릿속 스크린에 띄워놓고 "난 일을 못해."라거나 "난 내 상사를 실망시키기만 해." 혹은 "난 회사에 손해를 입히고 있어." 같은 끔찍한 자막을 커다랗게 달고 있었다.

앞서 언급했던 성취도가 높은 학생에 대한 연구를 기억하는가? 나는 모든 일의 원흉으로 나 자신을 지목하고, 모든게 나 때문이라며 스스로에게 세뇌시켰다. 심각한 건, 우리가 자학적인 생각을 반복하면 나중에는 그것을 진리인 양 그대로 믿어버린다는 것이다.

우리의 정신은 아주 날카롭기 때문에 우리를 갈기갈기 찢어놓을 수 있다. 이게 얼마나 위험한지 보여주는 한 연구가 있다. 2013년 네덜란드 위트레흐트 대학교 아누크 카이저의 연구 팀은 '문을 통과하기엔 너무 뚱뚱해서'라는 보고서를 발표했다. 연구원들은 거식증을 앓는 여성들과 거식증이 없는 여성들에게 문을 통과하게 한 다음, 그 사이 단순한 과업을 수행하도록 함으로서 자신의 신체에 주의를 기울이지 않게 했다. 과연 어떤 결과가 나왔을까? 거식증이 없는 여성들에 비해 거식증을 가진 여성들은 무의식중에 어깨와 몸을 옆으로 틀어 문을 통과하는 경우가 많았다. 그냥 지나가기에 충분한 공간이 남았음에도 불구하고 그들은 자신이 너무 뚱뚱해서 문을 통과할 수 없다고 여겼기 때문이다.

이 연구에 대한 이야기를 꺼낸 이유는 당신에게 거식증 혹은 섭식 장애가 있다거나 정신적으로 문제가 있다고 지적하기 위해서가 아니다. 내가 말하고 싶은 건, 당신이 스스로에 대해 가지고 있는 이미지는 어쩌면 터무니없는 행동으로 외부에 투영될 수도 있다는 점이다. 특히 당신이 나처럼 스스로에게 엄격한 사람이라면 더욱 그렇다. 그런데 지금 이 순간 당신이 비집고 들어가려는 문은 사실 당신이 충분히 통과하고도 남을 수 있다. 바꾸어 말해, 문제의 원인은 당신에게 있는 게 아닐 수도 있는 것이다.

우리를 둘러싼 현대 사회라는 환경은 또 어떤가? 우리가 맞닥뜨리는 난관에서 우리를 분리할 수 없게 하며, 죄다 우리 탓으로 돌리게 만들지는 않는가? 아마 많은 사람들이 여기에 공감하리라. 우리는 빡빡한 세상에서 살고 있다. 모든 것이 보다 적합하고 행복하게, 그리고 보다 생산적으로 자본주의적 진공 포장이 되어 있다. 이와 같은 환경은 종종 거대한 스트레스로 다가오기도 한다.

P&G에서 "시간이 좀 걸릴 겁니다."라거나 "6개월 정도는 아무것도 모르겠다는 생각이 드는 게 당연한 거죠. 당신이 방법을 배울 수 있도록 업무 체계를 점검해봅시다."라고 나에게 말해준 사람이 아무도 없었다. P&G에는 이런 조언을 해줄 수 있는 이른바 느슨한 사람들이 부재했다. 이들이 특별한 이유나 악의가 있어서 알려주지 않은 게 아니라, 그저 그럴 만한 여유가 없었다. 우리가 사는 세상은 더 이상 우리에게 느슨해질 여유를 주지 않는다. 우리를 참아주고, 천천히 가르쳐주고, 실패를 통해 배울 수 있도록 약간의 틈을 용인해줄 여유가 없다. 저마다 최고 속도로 경주에 임하고 있으므로 첫날에 모든 것을 다 해낼 줄 아는 능력자가 바통을 이어받는 건 어쩌면 당연한 일이다.

단순히 P&G에서 만난 상사들이 정이 없다는 말을 하는 게 아니다. 그들은 결코 무정하지 않았다. 단지 그들은 기대치가 너무 높았고 이를 위해 내 능력이 최대로 발휘되길 원했을 뿐이다. 그것도 아주 빠른 시간 내에 과업을 수행하면서 말이다. 다른 의미에서 그들의 삶 역시 빡빡하긴 매한가지였다.

현실이 이렇다 보니 넘어져도 괜찮다는 것을 배우는 건 너무나 어렵다. 그 누구도 정말 괜찮다고, 잘하고 있다고, 우리의 잘못이 아니라고 가르쳐주지 않는다. 하지만 정말, 진짜 우리의 잘못이 아니다. 이 사실을 배우는 게 왜 그리 어려운 걸까? 답은 간단하다. 오프라인이든 온라인이든 상관없이 아무도 알려주지 않기 때문이다. 그래서 문제가 발생하거나 실패하면 자신의 탓으로 돌리고 일종의 벌을 내리듯이 무자비한 자학 모드에 돌입하는 것이다. 소중한 자신에게 무슨 짓을 하고 있는지도 모르면서.

2016년 <심리학 저널>에 '시간이 지날수록 완벽주의가 심해지고 있다'라는 주제의 연구가 발표되었다. 이 연구를 진행한 배스 대학교의 토머스 쿠란과 요크 세인트 존 대학교의 앤드류 힐은 다음과 같이 주장한다.

"최근 젊은 세대는 다른 사람들뿐만 아니라 스스로도 자기 자신에게 더 많은 것을 요구한다는 사실을 잘 알고 있다."

과도한 완벽주의는 지양되어야 마땅하다. 극심한 완벽 지향성은 충분히 극복 가능한 실수나 실패를 치명적인 성격으로 바꾸어놓을 수 있다는 사실을 잊지 말아야 한다.

확대, 오버, 과장은
금물

나는 P&G에서 두어 달을 더 방황하다가 흔히 PIP(Per-
formance Improvement Plan)라 줄여 부르는 성과 향상 플랜을 받
게 되었다. PIP는 '당신을 해고하고 싶은데 근거 자료가 부족
하니 그 근거라는 것을 같이 찾아봅시다'라는 말을 예의 바른
문서로 돌려서 표현한 거라고 보면 된다.

나는 PIP를 받게 된 데에 성숙하게 대처하지 못했다. 그저
이 상황에 화가 치밀고 열이 뻗치며 심통이 났기 때문에 이성
적으로 대응할 생각조차 하지 못했다. 나는 상사의 뒷담화를
시도 때도 없이 했고, 메일 답장도 세상 까칠하게 했고, 친구
들과 메신저를 주고받으며 어떻게 하면 극적으로 회사를 때
려치울 수 있을지 의논하는 데 혈안이 되었다. 지금 생각해보
면 참 후회스러운 부분이기도 하다. 내 친구 조이는 말했다.

"캐비닛을 걷어차버려. 아니면 아무 화분이나 창문 밖으

로 던져버리든가."

이제는 그러한 분노가 내 안 깊숙한 곳에 자리 잡은 나 자신에 대한 실망감에서 비롯된 것임을 잘 알고 있지만, 당시에는 당장의 분노에 눈이 어두워 미처 헤아리지 못했다.

나는 내가 일을 못한다고 생각했다. 그런데 나는 뭔가를 못하는 걸 굉장히 싫어했다. 때문에 별거 아닌 일에도 발끈하며 다른 사람을 탓하기 시작했다. 나의 이런 못난 행동은 불난데 기름을 붓는 꼴이었다. 결과적으로 나는 허접한 성과를 낼 뿐만 아니라 함께 일하기조차 꺼려지는 골칫덩이가 되었다.

혹시 '툭하면 짜증을 내면서 일까지 못하는' 동료가 있다면 그의 모난 성격과 모자란 업무 수행 능력을 판단하기 전에, 그가 처음에는 단순히 일 처리가 미숙할 뿐이었는데 제대로 된 도움을 받지 못하는 일이 쌓이면서 지금의 모습을 갖게된 건 아닌지 한 번쯤 생각해보면 좋을 것이다.

P&G 이후 오랜 세월이 흘러 다른 회사의 중역 회의실에서 겪었던 일이다. 한 무리의 중역들이 부진한 실적을 낸 하급 관리자를 추궁하는 중이었다. 집중포화가 끝나고 해당 하급 관리자가 눈물이 그렁그렁한 채 회의실을 떠나자 한쪽 구석에 있던 CEO가 영원히 잊지 못할 말을 했다. 그는 고개를

가볍게 저으며 말문을 열었다. 이는 실적이 저조한 하급 관리자를 향한 게 아니라 그 가여운 사람을 호되게 대한 중역들을 향한 것이었다. 회의실은 정적에 잠겼고 CEO는 의미심장한 한마디를 던졌다.

"그 사람이 알아야 하는 건 자기가 잘 못하고 있다는 사실이 아니에요. 어떻게 하면 잘할 수 있는지에 관해서죠."

바로 여기에 핵심이 있다.

한편, P&G를 다니면서 나의 상황은 갈수록 나빠졌다. 나는 회사에서 나오는 복지비로 이갈이 마우스피스를 맞추었다. 불안증이 심해지면서 잘 때 이를 가는 증상도 덩달아 심해졌기 때문이다. 나는 어느 날 갑자기 숫자들을 휘리릭 처리하고 메일에 또박또박 답장하는 능력자가 되는 마법이 일어나기를 바라면서 야근과 주말 근무를 이어갔다. 상사는 '닐, 이것 좀 5분 안에 해줘요! - 답장 바람' 같은 제목으로 업무 메일을 밥 먹듯이 보냈다. 그러면 나는 답변을 하기 위해 분석 작업을 하느라 최소 사흘은 소비해야 했고, 상사가 내 PIP 문서에 수행 결과에 대한 부정적인 코멘트를 다는 걸 속절없이 지켜보아야만 했다.

'5분짜리 요청을 해결하는 데 사흘이 걸림'.

어떻게 이렇게까지 아무것도 못 할 수 있는지 놀라울 정도였다. 나는 괴로움에 잠식당해 온갖 상상의 날개를 펼치기 시작했다. 팀원들과 상사들, 그리고 회사 전체가 나를 실망스럽게 바라보는 동안 내 근사한 고액 연봉 커리어는 나락으로 떨어지며 거대한 화염 덩어리가 되어 폭발하는 것만 같았다.

나는 나의 형편없는 마케팅 업무 수행 능력을 사람들이 눈치채면 더는 이 업계에서 일할 수 없을 거라고 확신했다. 미래의 고용주가 P&G의 상사들에게 연락해 나에 대해 물어본다면 그들은 나의 무능력에 대해 낱낱이 폭로할 게 분명했다. 게다가 대학 성적이 제일 좋았던 수업이 마케팅이었으므로 이 길을 제외한 다른 선택권에 대해서는 딱히 떠올릴 만한 게 없었다. 더 이상 사무직은 못하지 않을까 속단했고, 급기야 사무직을 그만두는 건 좋은 배우자를 만날 기회를 놓치는 거나 마찬가지라는 극단적인 결론에까지 이르렀다.

"나는 그 어떤 곳에도 속하지 못할 것이다. 어딜 가도 나 같이 못난 사람은 없을 테니까. 마침표 쾅!"

나는 마흔다섯이 된 나를 상상했다. 올백 머리를 하고 낮에는 클리블랜드의 한 산업 박람회에서 리퍼브 VCR을 홍보하고, 저녁에는 어색해하는 마케터들에게 되지도 않는 수작을 걸다가 결국에는 이도 저도 안 되어 홀로 호텔 방에서 잠든다. 주변에 먹다 남아 차갑게 식은 감자튀김과 클럽 샌드위치가 흩어져 있고, 낡은 텔레비전에서는 '외계인 알프'의 재방송이 흘러나온다. 참으로 한심하기 짝이 없는 모습이었다.

우리는 일이 마음처럼 풀리지 않으면 문제의 크기를 확대시킨다. 말 그대로 오버하면서 작은 문제를 커다란 재앙으로 만들어버린다. 이는 문이 너무 좁아서 도저히 지나갈 수 없다고 생각하는 것과 같은 맥락이다. 뿐만 아니라 모든 사람들이 자신의 부족한 점을 주시하고 있는 것만 같은 착각에 빠진다. 그러다 결국 악몽은 끝나지 않으며 더 이상 희망은 없다는 결론을 내버린다.

스포트라이트 효과

2000년 희한한 말이 심리학계에 등장했다. 바로 토머스 길로비치와 케네스 새비츠키가 만든 '스포트라이트 효과'라는 용어로, 학술지 <신경 과학 동향>에 처음 등장했다. 스포트라이트 효과는 자신이 실제보다 더 많이 눈에 띄고, 남의 시선을 받고, 관찰을 당하고, 무엇보다 다른 사람들의 판단을 받는다는 느낌을 갖는 것이다. 즉, 자신의 세상에서뿐만 아니라 다른 사람의 세상에서도 스스로를 중심이라고 여기는 현상을 말한다.

코넬 대학교의 길로비치는 일리노이 대학교 어바나-샴페인 캠퍼스의 저스틴 크루거, 노스웨스턴 대학교의 빅토리아 메드벡과 스포트라이트 효과에 대한 심층적인 연구에 돌입했다. 그들은 코넬대생들을 대상으로 외모, 운동 능력, 비디오 게임 수행 능력의 세 가지 영역에서 다른 사람들의 시선으로 자기 능력을 평가해보게 했다. 결과는 어땠을까? 참가자들은 관찰자들이 자신의 강점과 약점을 의식하고 있다는 듯 시종일관 자신의 강점과 약점을 과대평가하는 태도를 보였다. 이 연구는 판단을 받는다는 두려움이 사회적 불안감과 이 갈리는 후회로 이어질 수 있다는 결론을 도출했다.

스포트라이트가 항상 우리를 향해 켜져 있다고 생각하지만 실상은 그렇지 않다면 어떻게 하는 게 좋을까? 간단하다. 스포트라이트의 위치를 조정하면 된다. 당신은 스포트라이트가 당신만을 비추고 있고, 어두운 관중석에 있는 사람들이

전부 당신을 지켜보며 기다리고 있다는 착각에 빠져 있다. 하지만 이는 사실이 아니다.

그러면 자신을 비추고 있는 스포트라이트를 머릿속에서 옮길 수 있는 방법은 무엇일까? 팀 어반은 인기 블로그 '잠깐만, 왜'를 운영 중이다. 그의 블로그에서 가장 많이 공유된 게시물 중 하나는 '매머드 길들이기: 다른 사람들이 어떻게 생각하는지 신경을 꺼야 하는 이유'다. 나는 이 게시물과 함께 게재된 두 개의 그림을 보고 우리가 지금 이 책에서 이야기하고 있는 내용이 떠올라 웃음이 터졌다.

그림 하나는 우리의 생각을 보여준다. 그림 속의 '당신'은 두드러지게 눈에 띄는 사람이며 수많은 사람들이 모두 당신만을 쳐다보고 있다. 이게 바로 우리의 사고방식이다. 즉, 스포트라이트 효과인 것이다. 실제 게시물에는 그림 아래에 짤막한 설명이 달려 있다.

"모두가 나에 대해, 또 내 인생에 대해 떠들고 있다. 내가 모험이나 튀는 행동을 한다면 그들은 얼마나 숙덕댈까?"

나머지 한 그림은 다른 사람의 생각을 보여준다. 이 그림 밑에는 다음의 설명이 붙어 있다.

"사실 우리가 무엇을 하는지 그렇게까지 신경 쓰는 사람은 없다. 사람들은 각자의 세상에 깊이 빠져 있기 때문이다."

사람들은 스포트라이트가 자신만을 비추고 있다고 착각하기 쉽다. 그렇기에 넘어졌을 때 모두가 자신을 쳐다볼 것이라고 생각하며, 모든 게 다 자신에게서 비롯된 문제라고 생각한다. 그리고 일을 잘 못하는 것을 공공연하게 망신을 당하거나, 먹다 남은 감자튀김과 클럽 샌드위치 옆에서 초라하게 잠이 들거나, 길거리에 종이 상자를 깔고 노숙하는 것과 동일시한다. 뿐만 아니라 연인과 안 좋게 헤어지기라도 하면 다시는 누군가를 만나지 못할 것이라고 단정 짓고, 지원한 여러 대학교 중에서 한 군데라도 합격하지 못하면 스스로를 최저 임금의 고생길로 직행할 머저리로 간주해버린다. 작디작은 문제를 정체성 자체와 연결된 거대한 문제로 확대 해석하는 것이다.

나이가 적을수록 이런 특징이 두드러지는데, 그 이유는 중간에 시행착오를 겪더라도 마지막에는 대체로 상황이 잘 풀리는 경우도 있다는 경험을 많이 못했기 때문이다. 엉망진창의 이별을 겪고 나면 이를 계기로 그다음에 만나는 사람과의 관계가 조금 더 나아지듯, 비슷한 경험을 세 번 정도 반복하면 이후에는 훨씬 더 나아진다. 마찬가지로 직장에서

죽을 쑤는 경험을 한번 하고 나면 다음에는 더욱 견고해질
수 있다.

다만 첫 번째 실패가 상당히 끔찍하기에 초연한 대처가
힘들 뿐이다.

스포트라이트를 옮기는 방법

결국 나는 P&G를 그만두었다. 체면을 조금이라도 살리
고 싶어서였다. 성과 향상 플랜의 데이터가 쌓여가면서 이대
로 가다간 머지않아 회사에서 잘릴 거라는 예상이 점점 현실
이 되어가고 있었다. 개인적으로 해고를 당하는 상상만으로
도 굉장히 자존심이 상했고, 자진해서 그만두는 게 회사에도
좋을 거라는 생각에 내가 먼저 사직서를 냈다.

그토록 치열했던 취업 경쟁을 뚫고 입사해서, 그토록 높
은 연봉을 받아내며 자신감에 한껏 취해 있다가 꿈의 직장을
내 손으로 그만둔 것이다. 나는 두둑한 월급과 달콤한 마사
지와 나름 재미있었던 동료들과의 협업과 잘나가는 회사원

이라는 정체성에 안녕을 고했다. 이 모든 것을 떨쳐내고 나니 고통스럽고 실망스럽고 창피했다. 앞서 말했듯 첫 실패는 정말 너무나 아팠다.

P&G에서의 뼈아픈 실패 경험이 불편한 감정에 익숙해지는 데에 도움을 주었다는 사실은 당시는 물론이고 이후 최소 10년간은 미처 깨닫지 못했다. 그럼에도 이 경험은 내가 일을 잘 못한다는 기분이 들 때 이러한 상태를 기꺼이 수용하거나, 살짝 회피하거나, 곁에 두되 언제까지나 속에 담고 있지는 않는 방법을 은연중에 가르쳐주고 있었다.

어떻게 하면 스포트라이트를 옮길 수 있을까? 일단 우리는 생각보다 매우 빠르게 내면화를 실행한다는 사실을 기억해야 한다. 다시 말해, 성급하게 자화자찬하고, 성급하게 자신에게 화살을 돌리는 것이다. 스포트라이트는 우리 자신의 눈에만 보이는 것, 즉 심리적인 것과 관련이 있다. 따라서 실제 문제와 그것을 해석하는 우리의 정신을 분리해서 바라보는 연습을 꾸준히 하면, 우리가 우리의 생각과는 다르게 아주 멋진 사람들일지도 모른다는 긍정적인 마음가짐으로 문제 상황에 의연하게 대처할 수 있는 회복 탄력성을 기를 수 있다.

"어, 잠깐만, 실패 원인을 전부 나한테 돌리고 있잖아. 스포트라이트를 나에게 비추고 있어. 누가 뭐라 하지도 않았는데 자진해서 욕을 먹고 있다고."

그러니 멈추고, 분리하고, 다음의 내용을 기억하자.

"'내 탓이오'와 같은 마인드는 사실 자기중심적인 것이다."

생각을 바꾸자. 왜냐고? 사실이니까. 한 가지 실패 경험에 얼마나 많은 상황이 관여하고 있는지, 또 당신이 통제할 수 없는 요소가 얼마나 많은지 생각하자. 합격을 확신했던 대학교에 떨어졌다면? 뛰어난 지원자가 엄청나게 많았다는 사실을 떠올려볼 수 있겠다. 높은 경쟁률은 우리 손으로 조절할 수 있는 성질의 것이 아니다. 게다가 입학 사정관들도 사람이다 보니 면접 당일에 컨디션이 좋지 않았거나, 무의식적인 편견을 가지고 있었거나, 아니면 순전히 그들의 입장에서 당신이 그 학교와 잘 맞지 않을 거라 판단했을 수도 있다.

전부 자기 탓이라는 생각은 어찌 보면 거만한 태도에서 우러난 자만이다. 문제가 꼭 우리에게만 있는 것은 아니라는 사실, 그리고 문제가 자신에게 있다는 생각은 자기중심성의 발로라는 사실을 기억하면서 스포트라이트를 옮겨보자.

문제 상황을 즐기면서 앞으로 나아가자. 그리고 문제를 안에 담아두지 말고 분리시켜 밖에 둔 다음 되뇌자.

'내 탓이 아니다. 내 탓이 아니다. 내 탓이 아니다.'

우리는 살면서 수많은 난관에 봉착하기에 한 가지 문제에만 집착하고 있을 시간이 없다. 그러니 스포트라이트를 옮기고 다음으로 넘어가자. 스포트라이트를 옮기지 못하면 아무것도 새롭게 시작할 수 없다는 점을 명심하자.

Chapter 03

하나의
계단으로
받아들일 것

Awesome!

나는 픽시스 콘서트에서 한 여자를 만났다. 당시 나는 스물네 살이었는데, 그녀는 콘서트에 함께 간 내 친구의 친구였다. 우리는 공항 근처에 자리한 창고 뒤편에서 춤을 추며 노래를 따라 부르고 있었다. 때는 가을치고 제법 따스한 밤이었다.

"이거 내가 제일 좋아하는 노래야!"

'웨이브 오브 뮤틸레이션'의 강렬한 기타 파트가 흘러나오자 그녀가 소리쳤다.

"어렸을 때 본 영화 '볼륨을 높여라'에 나왔었어!"

그녀와 나는 떠들썩한 파티를 즐기다가 둘만 따로 떨어져 나와 꿈같은 데이트를 즐겼다. 마치 시간이 우리 둘을 위해 느릿느릿 흘러가는 것만 같았다. 우리는 조용한 레스토랑 구석에 자리를 잡고 상대방에게 깊이 공감할 때만 나올 수 있는 미소를 지으며 길고 긴 대화를 나누었다. 서로의 얼굴만 쳐다보느라 주문은 안중에도 없었기에 우리 쪽 테이블로 오는 종업원에게 "죄송해요. 아직 메뉴를 못 봤어요."라며 번번이 사과의 말을 해야 했다.

그녀는 아침으로 아이스크림을 먹었고 저녁으로는 파스타를 먹었다. 전통적인 가치관을 가진 다소 예스러운 영혼의 소유자였던 그녀는 늘 여유와 자신감이 넘쳤다. 식은 피자를 키친타월에 싸서 먹건, 완벽하게 차려입고 격식 있는 파티에서 사람들과 어울리건 간에 상관없이 그녀는 뭘 해도 자연스러웠다. 그녀는 완고한 편이었고, 운동 신경을 타고나서 초등학교 5학년 때 중학교 농구부에서 활동하기도 했다. 그녀는 연습에 연습을 거듭하고 다양한 팀을 거치며 공동생활에 적응하기, 패배 인정하기, 차 안에서 밥 먹기 등에 익숙해졌다.

그녀의 꿈은 열 살 때부터 쭉 선생님이었다. 그녀는 교사 학위를 따고 공립 학교 교사가 되었다. 그녀는 학습 장애를 가진 학생들을 가르쳤는데, 특히 위생 관념, 피임, 고등학교 졸업 후의 진로에 대한 대화를 효과적으로 하는 방법을 터득하는 데 많은 공을 들였다. 그녀는 열쇠 꾸러미를 목에 걸고 다녔고, 허벅지에는 자두만 한 크기의 멍들이 예사로 있었다. 배구 경기를 하느라 햇볕에 그을리고 땀에 젖은 채 집에 와서는 수학 수업 준비를 하거나 생일 선물용 쿠키를 굽곤 했다. 때로는 '우리 애들'을 보러 간다며 시립 야구단에 소속된 그녀의 학생들을 응원하러 동네 야구장에 가기도 했다.

나는 P&G를 나오고 나서 앞으로 무엇을 어떻게 해야 할지 갈피를 잡지 못하고 무작정 고향으로 돌아가 아버지와 샌드위치 가게를 차렸다. 다시 취직을 해볼까 싶어 몇 군데 회사에 원서를 냈지만 이 역시 내가 내려놓아야 하는 일 중 하나라는 생각이 강하게 들면서 고향행을 택했던 것이다. 고향에 돌아온 나는 분야가 뭐가 되었든 무조건 성공해서 나의 능력을 증명하고 싶었다.

막 사랑에 빠진 사람들은 중독되기 쉽다. 또한 이런 적이 있었나 싶을 정도로 에너지가 넘친다. 밤에 가게 문을 닫고 나면 눈보라를 뚫으며 몇 시간이고 차를 달려 그녀의 집을 찾아갔다. 머스터드소스가 묻은 끈적끈적한 티셔츠 차림에 소시지며 음식물 쓰레기 냄새를 풀풀 풍겼지만 그녀와 함께 있으면 세상을 다 가진 듯했다. 불과 몇 시간 뒤에 먼 거리를 혼자 돌아가야 한다는 사실은 문제도 되지 않았다. 그렇게 할 만한 가치가 충분했으니까.

그녀는 갓 구운 치즈처럼 따뜻하고 포근했다. 우리는 그녀의 집 뒤에 있는 자그마한 호숫가를 거닐며 달빛을 만끽했다. 흐릿한 눈송이들이 온 세상을 적시는 동안 벙어리장갑을 낀 서로의 손을 잡고 높다란 나무들 사이로 나 있는 미끄러운 다리를 건넜다. 둘 다 새빨개진 코를 연신 훌쩍거렸지만 서로를 바라보는 눈은 생기로 반짝였다. 영화에서나 볼 법한 마법 같은 장면들이 우리 앞에 펼쳐졌고 우리는 입을 맞추었다. 겨울이 지나고 따뜻한 봄이 찾아왔고, 봄이 지나고 뜨거운 여름이 찾아왔다. 그때만큼 춥지 않은 강의, 그때만큼 미끄럽지 않은 다리 위에서 나는 그녀에게 청혼했다. 그리고 그녀는 내 청혼을 받아주었다.

나의 연애 사업과 달리 샌드위치 가게의 재정 상태는 시원치 않았다. 장사가 잘 되는 날도 있었지만 영 안 되는 날도 많았다. 심지어 금요일 밤에도 화장실 청소를 하고 독한 오븐 클리너 냄새를 맡으며 뒷정리를 해야 했다. 또다시 인생의 낙오자가 된 듯한 기분이 스멀스멀 올라오기 시작했다. 고생길에서 한 걸음 물러나 나 자신에게서 스포트라이트를 옮기는 일은 영원히 불가능할 것만 같았다.

그런데 인생은 한 치 앞도 알 수가 없다고 했던가. 어찌어찌하다 하버드라는 명문 대학교에 지원하고 합격 통보까지 받게 되었던 것이다. 그때는 정말이지 바다 한가운데에서 나를 구하러 온 돌고래를 만난 게 이런 기분일까 싶을 정도로 기뻤다. 나는 그 돌고래의 지느러미를 꽉 붙잡고 샌드위치 가게를 깨끗하게 정리했다. 그리고 돌고래를 타고 높은 파도를 헤치며 학업의 세계가 기다리는 보스턴으로 향했다.

그녀와 나는 웹캠을 사고 장거리 연애 계획을 세웠다. 주말과 휴일이 겹쳐 쉬는 날이 생길 때마다 서로를 만나러 갈 수 있도록 항공 마일리지 카드도 만들었다. 그해 내내 결혼 계획을 세운 다음 우리 둘은 이듬해 여름 7월 어느 화창한 날에 높고 푸른 하늘 아래에서 결혼식을 올렸다. 그러고 나서 나는 새 학기를 맞아 하버드로 돌아왔다. 이번에는 아내도 함께였다. 아내는 보스턴에 있는 한 고등학교에 전근 신청을 하려고 했으나 서류상의 문제들로 불발되고 말았다. 이로 인해 그녀는 아이들을 가르치고 코칭하는 대신 하버드 체육관에서 수건을 나누어주는 일을 할 수밖에 없었다. 아내는 교사 일을 너무나 그리워했다. 크리스마스 즈음에는 우리 둘 다 그녀가 고향에 돌아가야 한다는 데에 동의했고, 나는 몇 달 뒤 봄에 학위를 따고 돌아가기로 했다.

겨울이 지나고 따뜻한 봄이 왔고, 졸업 가운과 학사모 차림으로 하버드 대학교 정원에서 학위 수여식 연설을 듣는 내 입에서는 미소가 떠날 줄을 몰랐다. 내 인생이 비로소, 드디어, 마침내 제자리를 찾은 것만 같았다. 무엇보다 아내와 진정으로 함께하는 나날들이 펼쳐질 예정이었기 때문에 몹시 설렜다.

나는 고향에 돌아와 아내와 집을 합쳤다. 집을 사고, 소파를 사고, 벽에 페인트를 칠했다. 정원에서 바비큐 파티도 했다. 나는 3년 전 시간이 멈춘 듯한 꿈결 같은 데이트에서부터 상상해왔던 길고 긴 행복한 일상에 정착하기 위해 노력했다. 우리는 결혼 생활을 잘 해보려고 무던히 애를 썼다. 그렇지만 천국은 영원할 수 없었다. 이 깨달음이 찾아온 날의 기억은 아직도 생생하다.

어느 여름날 우리는 애디론댁에 있는 야트막한 산에 올랐다. 그녀는 하루 종일 두 손 두 발을 써가며 거대하고 평평한 바위를 씩씩하게 기어오르고, 전망 좋은 곳이 등장할 때마다 잔뜩 신이 나서는 나무들이 우거진 지평선을 바라보았다. 나는 50보쯤 뒤처져 힘들고 다리도 아프다며 꿍얼거리고 있었다. 그녀는 산행 자체에서 짜릿함을 느꼈고, 자연의 신선한 공기며 풍경, 냄새를 사랑했다. 반면 내가 기대했던 대화의 시간은 온데간데없었다. 나는 산을 오르는 네 시간 동안 모기를 쫓고 아픈 무릎을 문지르며 혹여 야생 곰이라도 나타날까 불안에 휩싸여 있었다. 그날 밤 호텔방에 도착한 우리 사이에 무거운 정적이 흘렀다. 나는 그때 뭔가를 직감했다. 그녀도 같은 마음이었던 것 같다. 우리는 온종일 함께 있었음에도 불구하고 이렇다 할 대화를 나누지 않았다.

"요즘 우리 말이야. 어떤 것 같아?"

나는 부드럽고 조용하게, 약간은 대담하게 물었다. 나는 그녀가 내 걱정을 몰아내며 아무 문제도 없다고 해주길 바랐다. 그리고 내가 머릿속에서 열려고 하는 작은 문을 꼭 닫아주길 진심으로 바랐다. 또 다른 커다란 실패에 대비할 시간이 된 것 같다고 말하는 내 머릿속의 소용돌이로부터 나를 꺼내주길 기대했다. 하지만 그런 일은 일어나지 않았다.

"우리는 서로 좀 다른 것 같아."

그녀가 말했다.

"음, 서로 반대인 사람들이 끌린다고들 하잖아."

"응. 그런데…"

그녀가 말꼬리를 흐렸다.

"그런데, 뭐?"

"당신이 프러포즈를 좀 서두르기도 했고, 그다음에는 공부하느라 2년 동안 보스턴에 있었잖아. 우리는 어쩌면 이제서야 서로를 알아가기 시작한 건지도 몰라."

이 말을 끝으로 우리 둘 다 입을 다물어버리고 말았다.

두어 달이 지난 어느 날 일을 마치고 집에 왔는데 아내가 현관 밖에서 나를 기다리고 있었다. 그녀는 엄청난 용기를 끌어내 눈물을 글썽이며 결국 그 말을 꺼냈다.

"닐, 더 이상 당신을 사랑하지 않는 것 같아."

나는 아무 말도 못하고 그녀를 가만히 바라보았다.

"우린 이혼하는 게 맞아."

그녀의 목소리에 안타까움과 연민과 슬픔이 가득했다. 현기증이 났다. 내 주변의 모든 것이 불시에 무너져 내리는 것만 같았다. 결혼 생활도, 집도, 미래의 아이들도. 아물어가던 첫 직장과 사업 실패의 상처들이 또다시 도지는 순간이었다. 잘 흘러가고 있다고 믿어 의심치 않았던 삶이 한순간에 산산조각 나고 있었다. 나는 충격에 휩싸였고, 정신없이 휘둘리며 나락으로 떨어졌다.

한없이 추락하는 듯한 기분에 사로잡힐 때는 어떻게 하는 게 좋을까? 첫 번째 단계는 말줄임표를 찍는 것이다. 즉, 계속 나아갈 힘을 찾는 것이다. 계속 견디고, 계속 숨 쉬고, 계속 살아내고, 계속 움직여야 한다. 아주 조금이라도. 그리고 머릿속에 떠오르는 생각들에 '지금까지는'이라는 말을 붙이고 하루하루 혹은 순간순간에 적용해본다.

그다음 두 번째 단계는 스포트라이트를 옮기는 것이다. 즉, 상황에서 자신을 분리해내는 것이다. 우리는 자신이 세상의 중심인 것마냥 스스로에게 스포트라이트를 비추는 경향이 있는데, 문제의 포커스를 자신에게만 맞추지 말고 문제를 받아들이며 문제를 자기 안이 아니라 밖에 꺼내놓을 줄 알아야 한다.

세 번째 단계는 현 상황을 하나의 과정으로 받아들이는 것이다. 즉, 당신이 겪고 있는 일이 미래의 인생 속 미래의 나로 향하는 보이지 않는 계단을 오르는 일종의 과정이라고 여기는 것이다. 솔직히 이 단계를 수행하는 데에는 많은 어려움이 따른다. 좋았던 예전 경험들을 바탕으로, 모든 과정과 자기 자신을 굳게 믿으면서 상실이나 좌절을 겪더라도 상황은 다시 회복되기 마련이라는 마음을 가져야 하기 때문이다. 그런데 아무리 마음을 먹어도 보이지 않는 계단의 존재에 대한 회의감이 사라지지 않으면 신뢰를 형성하는 일 자체가 힘들 수밖에 없다.

경력의 막다른 길
환상

지금까지 우리가 걸어온 삶을 계단이라 쳐보자. 현재 시점에서 계단의 위쪽은 당연히 볼 수 없다. 그럼 뒤를 돌아보자. 이 부분은 눈에 보인다. 다시 말해, 우리가 어디서 왔는지는 이미 올라온 계단들을 통해 볼 수 있다.

지금부터 A라는 사람이 올라온 계단을 돌아보는 상상을 해보자. 저 멀리에 5학년 때 전학 온 A를 방과 후마다 괴롭히던 막되어먹은 애덤이 보인다. A가 처음으로 농구공을 들고 윌리엄스 코치와 밤마다 맹연습을 했던 시기도 보인다. 또 10대 시절 아르바이트에 늦은 A를 호되게 야단치던 일식집 주방장 프란체스코도 보인다. 당시에는 많이 힘들었지만 덕분에 A는 시간을 지키는 습관을 들일 수 있었다. 게다가 지금도 근처에 갈 일이 있으면 그 집의 대표 메뉴인 크랩 케이크를 먹으러 들른다. 저쪽은 졸업 파티 때다. 그날의 재앙이 기억나는가? 어쩌면 그날 밤의 경험이 A가 성 정체성을 깨달을 수 있도록 도와주었는지도 모른다. 더욱 다행스러운 건 대학교 입학 직전에 커밍아웃을 했을 때 부모님이 사랑과 지지로 받아들여주었다는 것이다.

A뿐만 아니라 우리 모두는 지금까지 수많은 계단을 올라왔다. 어떤 계단은 작았고, 어떤 계단은 오르기 어려울 정도로 가파르고 높았다. 하지만 이들은 모두 다 올라야 할 계단이었다는 공통점을 가지고 있다.

그렇다면 다음 계단은 뭘까? 여기서 문제가 생긴다. 다음 계단에 대해서는 아무도 모른다. 다음 계단은 보이지 않기 때문이다. 우리는 미래를 볼 수 없다. 문제가 이것뿐이라면 그나마 나았을 테지만 큰 문제가 하나 더 있다. 연구에 의하면, 우리는 우리가 계단 위를 볼 수 있다고 착각한다. 우리의 뇌는 이렇게 생각한다.

"아, 당연하지. 나는 내 인생이 어떻게 될지 눈에 훤히 보이는걸."

우리는 인간 고유의 두뇌를 이용해 다음에 다가올 계단을 예측할 수 있으며, 심지어 그 예측의 적중률이 상당히 높다고 생각한다. 그러나 현실은 정반대다.

2013년 1월 <사이언스>지에 조르디 쿠아드박, 대니얼 길버트, 티모시 윌슨의 기가 막힌 연구가 실렸다. 그들은 18세부터 68세 사이의 사람들 1만9천 명 이상을 대상으로 성격,

가치관, 선호도를 조사한 다음, 일련의 테스트를 통해 연구 참여자들에게 두 가지 간단한 질문을 던졌다. 지난 10년 동안 자신이 얼마나 바뀌었다고 생각하는지, 그리고 향후 10년 동안 자신이 얼마나 바뀔 거라고 예상하는지 묻는 질문이었다. 그들은 데이터의 타당성을 보장하기 위해 복잡하고 과학적인 방법을 다수 동원했다. 그러고는 연구 결과를 발표했다. 과연 어떤 결과가 나왔을까?

참고로, 이들의 연구 결과는 학계 전체를 술렁거리게 만들었다. 언론 매체들도 앞다투어 연구 결과를 보도했다. 도대체 어떤 내용이길래 이다지도 '핫'한 반응을 불러일으켰을까? 연구 결과는 실로 엄청나게 놀라웠다. 나이를 불문한 모든 연구 대상이 자신의 삶이 지금까지는 굉장히 많이 변했지만 앞으로는 거의 변하지 않을 것이라는 동일한 생각을 가지고 있었다.

예를 들어, 한 30대 남성은 지금까지 10년간 격동의 세월을 보내왔지만 향후 10년은 순조로운 항해를 하게 될 것이라고 예측했다. 어떤 50대 여성은 40세를 맞이하며 삶이 완전히 뒤바뀌어버렸지만 60세 즈음에는 지금의 모습과 별 차이가 없을 것 같다고 말했다. 마치 약속이라도 한 듯 나이, 성별,

성격에 관계없이 모든 사람이 공통된 반응을 보였다.

우리 모두는 앞으로 다가올 미래가 지금과 별반 다르지 않은 모습으로 펼쳐질 것이라고 생각한다. 물론 현재 잘나가고 있다면 나쁠 게 없다. 하지만 반대로 현재 추락하고 있거나, 파산 상태이거나, 어떤 문제가 있거나, 상처받고 있거나, 외롭다면 앞날을 지금과 비슷할 거라고 추정하는 일은 매우 위험할 수밖에 없다. 안타깝게도 대부분의 사람들은 이런 심리적 경향성을 가지고 있다. 밑바닥에 부딪히면 올라갈 길이 없다고 하거나, 부모님의 그늘에서 절대 벗어날 수 없다고 하거나, 이혼하면 새로운 사람을 만나기 힘들 거라고 하거나, 직장을 잃으면 여생을 인터넷에 떠도는 아르바이트 공고나 뒤적거리며 살게 될 거라고 단정 짓는다.

연구자들은 이런 현상을 역사가 끝났다고 여기는, 즉 더 이상의 변화는 없을 거라고 생각하는 '경력의 막다른 길 환상'이라고 명명했다.

연구에서 알 수 있듯, 사람들은 파란만장했던 모든 이야기들이 끝나는 순간부터 앞으로는 아무것도 변하지 않을 거라는 결론을 내린다. 이쯤에서 한 가지 의문점이 들 수 있다. 연구자들이 1만9천 명이나 되는 사람들을 대상으로 오랫동안 연구를 진행한 이유는 무엇일까? 이에 대해 대니얼 길버트는 미국 라디오 방송 NPR의 '히든 브레인'에 출연해 다음과 같이 설명했다.

"다른 사람들과 마찬가지로 저 역시 말도 안 되는 불운, 고난, 시련에 시달렸습니다. 다들 그렇잖아요. 이혼도 하고, 병에 걸려 수술도 하죠. 사랑하는 사람이나 친한 친구들과 이별을 겪기도 하고요. 그런데 이런 사건들이 1년이라는 시간 동안 한꺼번에 벌어진 거예요. 그러다 깨달았어요. 어떻게 지내냐는 질문을 1년 전에 들었다면 저는 '세상에, 죽을 것 같아요.'라고 답했을 겁니다. 하지만 정말로 죽진 않았어요. 그러고 나니 궁금해진 거예요. 나는 가까운 미래조차 어떻게 될지 제대로 예측도 못하는 멍청이인가 본데, 혹시 나만 이런건가?"

바로 이거다. 보이지 않는 계단. 하버드의 저명한 심리학자이자 교수로서 《행복에 걸려 비틀거리다》와 같은 베스트셀러를 쓴 작가인 대니얼 길버트조차 다가올 계단이 보이지 않는다는 사실을 망각했던 것이다. 그 역시 안 좋은 일을 한두 개 겪고는 '흠, 망했네. 내 인생은 계속해서 엉망진창이겠네.'라고 생각했다. 그러나 이는 사실과는 전혀 무관한 것으로 판명되었다. 왜냐하면 우리가 살아가면서 겪는 일들은 더 나은 곳으로 이어지는 계단들이기 때문이다.

이러한 개념을 머릿속에 장착하고 유사한 문제 상황에 대처하는 일은 쉽지 않다. 앞서 언급한 연구에서도 밝혀졌듯, 인간의 뇌는 최악의 경우를 상상하는 데 최적화되어 있는 까닭이다. 이럴 땐 그저 한 걸음 물러나서 다음과 같은 질문을 던져보자.

"잠깐! 난 지금 스스로를 속이고 있어. 어쩌면 모든 게 영원히 끔찍하진 않을 수도 있잖아. 내가 밑바닥에서 벗어날 수 없을 거라고 누가 그래? 새로운 사람을 만나는 건? 꿀직장을 찾는 건?"

더불어 어떤 고통이나 문제 상황도 지나고 나면 또 하나의 과정일 뿐이라고 스스로에게 주문을 걸어보자.

대니얼 길버트는 미래를 예측하는 일에 관한 한 우리 모두가 젬병이라는 사실을 밝혀낸 셈이나 마찬가지다. 나 말고도 수많은 사람들이 같은 경향을 보인다니 얼마나 큰 위로가 되는지. 우리는 누구나 어리석고 모자라고 바보 같은 면이 있다. 기분이 좀 나아지지 않는가?

이 연구를 보면서 예전에 어느 회사의 인사부에서 일했

던 경험이 떠올랐다. 나는 회사의 중역들이 직원을 해고하는 회의실에 동행해야 했다. 그곳에서 서류를 처리하고, 상황을 지켜보고, 감정적인 지원을 했다. 사람들이 직장을 잃는 현장을 지키는 일은 정말이지 끔찍했다. 나는 눈물을 흘리는 사람들에게 휴지를 건네주고, 찬바람이 쌩쌩 부는 주차장에 서서 그들을 위로해주었다. 그들은 사무실 책상에서 챙겨온 짐을 자동차 트렁크에 실으며 말했다.

"여기가 제 평생직장이라고 생각했어요."

"이제 뭘 하면서 살죠?"

"새로운 직장을 구할 수 있을까요?"

그들을 보면 가슴이 미어졌다. 그리고 그들을 생각하면서 수많은 밤을 잠 못 이루었다. 그런데 시간이 지나고 그들을 우연히 마주치게 되었을 때 그들이 나에게 뭐라고 했는지 아는가? 단 한 번의 예외도 없이 그들은 말했다.

"해고당한 일은 제 인생 최고의 사건이었어요! 그때 퇴직금을 받지 못했다면 아버지가 돌아가시기 전 마지막 6개월을 아버지와 보내지 못했을 거예요."

혹은 이렇게 말하기도 했다.

"퇴사 후 페루에 여행을 갔다가 우연히 영양 보충제 수입업을 시작했는데 너무 좋아요!"

또 이런 말도 했다.

"지금은 규모가 작은 회사에서 일하는데 2년 동안 두 번이나 승진했어요!"

그리고 이런 말도 들었다.

"제 딸이 안타깝게도 세 번째 유산을 했는데 퇴직금 덕분에 딸, 사위와 함께 이 시기를 극복할 수 있었어요."

해고당했던 직원들이 하나같이 이렇게 이야기한 이유가 뭘까? 시간이 어느 정도 지나자 그들이 긍정적으로 반응할 수 있었던 이유는 뭘까? 대체 이런 일이 어떻게 가능한 걸까? 이유는 하나다. 우리는 변화가 머릿속에 잘 그려지지 않으면 변화 자체가 일어나지 않을 거라고 착각하기 때문이다. 우리 모두는 변화를 상상해야 할 시기('나는 이제 무엇을 할 것인가?')에 변화가 생길 일이 없을 것('난 아무것도 못 찾을 것이다')이라고 착각하기 쉽다. 다시 말해, 당신은 당신의 변화를 상상하지 못하기 때문에 변하지 않을 거라고 단정하는 것이다.

왜? 보는 눈이 형편없어서다. 나도 마찬가지다. 다른 사람들도 모두 마찬가지다. 계단 위가 보이지 않으니까 그곳에 아무것도 없다고 생각한다. 하지만 위에는 더 많은 계단들이 분명히 존재한다. 그리고 변화는 반드시 온다. 그럼에도 변화를 하나의 계단으로 보는 일은 어렵다. 실패, 헛걸음, 고된 인생 경험을 하나의 과정으로서, 더 크고 좋은 완전함을 이루는 일부로서 바라보는 건 쉬운 일이 아니다. 바로 다음 계단도 잘 보이지 않는 마당에 열 계단 위는 말해 무엇 하겠는가.

우리는 왜 실패가 나쁜 결과만을 가져올 거라고 생각할까? 이는 사실이 아닐 뿐만 아니라 실제로 그리되는 경우 또한 드문데도 말이다. 이럴 땐 경력의 막다른 길 환상을 떠올리자. 우리의 뇌는 눈앞에 놓인 상황을 끝이라고 생각한다. 해고된 사람들을 나중에 다시 만났을 때 그들 모두 불쾌했던 차선 변경이 결국에는 자신의 삶에 너무나도 긍정적이고 결정적인 영향을 미쳤다고 증언하지 않았는가. 나 역시 비슷한 경험을 했다. P&G에서 겪었던 실패가 현재 이 책에서 우리가 나누는 대화로 이어지리라고 상상이나 했을까? 절대 그렇지 않다. 여담으로, 나는 아이섀도나 마스카라의 가격을 분석하는 일보다 지금 이 대화를 하는 편이 훨씬 행복하다. 하지만 나도 P&G에서 하얗게 불태우고 재만 남았을 당시에는 먹다 남은 음식이 널브러진 싸구려 호텔 침대에 누워 있는 패배자 같은 모습을 상상하며 괴로워했었다.

우리는 스스로에게 다정해질 필요가 있다. 그러면서 실패 경험을 할 때, 상실의 충격에 휩싸일 때, 사면초가에 빠진 게 확실하다는 생각이 들 때, 앞길이 막막할 때 눈에 보이지 않을 뿐 계단은 분명히 존재한다는 사실을 기억해야 한다. 그리고 새롭고 신나는 곳으로 이어지는 계단이 바로 앞에 놓여 있다는 사실을 믿어야 한다. 당장 눈앞에 보이지 않더라도 용기를 내고 자신을 향한 신뢰를 쌓아보자.

우리 앞에는 많은 계단이 놓여 있다. 그냥 많은 정도가 아니라 무한하다. 그러니 멈추지 말고 말줄임표를 찍자. 스포트라이트를 옮기고 계속해서 나아가자. 물론 이 과정에서 실패도 겪을 수 있다. 하지만 그것은 만족스러운 미래로 향하는 하나의 보이지 않는 계단에 불과함을 잊지 말자.

원점으로 돌아가도 괜찮아

나는 결국 이혼을 했다. 배 속에는 깊은 수렁을, 가슴속에는 커다란 구멍을 지닌 채 우리는 집을 내놓고, 변호사를 만나고, 법원에 가서 서류를 제출하고, 짐을 싸고, 가구를 나누어 가졌다. 그러고는 몇 년에 걸쳐 장인, 장모, 시아버지, 시어머니가 되었다가 한순간에 생판 남이 된 사람들과 어색한 분위기 속에서 각자의 짐을 옮겼다.

나는 시내에 있는 더 허드슨이라는 작은 원룸으로 이사했다. 친구의 도움을 받아 식탁을 엘리베이터로 옮겨 집에다 놓고 보니 부엌을 다 차지해서 남는 공간이 없었다. 그래서 식탁을 다시 해체해 밖으로 빼냈다. 나는 끝까지 새 식탁을 들이지 않았다. 당연히 식탁 의자도 사지 않았다. 그릇도, 오븐 트레이도, 양념 통도 사지 않았다. 부엌 상부 장에 물건이 없어 휑했다. 냉장고도 마찬가지였다. 썰렁한 부엌처럼 내 심장도 텅 비어 있었다.

눈밑에 다크서클이 눈에 띄게 진해졌다. 당황한 나는 고가의 아이 크림을 사서 아침마다 다크서클이 심한 자리에 바르기 시작했다. 내가 매일 밤 극심한 불면, 불안, 외로움에 시달린다는 사실을 아무도 모르길 바랐다. 태어나서 처음으로, 그것도 삭막한 대도시 한가운데서 혼자 사는 데에다, 서른이 되면 이루고자 했던 모든 것이 눈앞에서 물거품이 되어 사라지는 중이었다. 결혼 생활도, 집도, 아이도 없었다. 모든 게 다시 원점으로 돌아왔다. 친구들 대부분은 결혼해서 아이를 낳고 교외의 번듯한 집에서 살고 있었는데 내 휴대폰에 저장된 연락처라고는 달랑 여섯 개뿐이었다. 동네에 아는 사람 하나 없고, 할 일은커녕 갈 곳도 없었다. 나는 몇 달 동안이나 분노에 가득 차 있었고, 자주 슬픔에 빠졌으며, 아침에 다 죽어가는 얼굴로 출근해서 업무 시간 내내 좀비처럼 앉아 있다가 저녁에 포장 음식을 사서 집에 돌아왔다.

어느 날 퇴근하고 집으로 향하는 차 안에서 나는 이렇게 되뇌었다.

"뭐가 됐든 긍정적인 뭔가가 분명 있기는 할 텐데."

나는 아주 작은 불꽃이나 자극, 뭔가 붙잡을 것이나 들을 것이 필요했다. 나는 그것을 반드시 찾아내겠다고 결심했다. 특히 내 삶에 숨어 있는 긍정적인 것들을 발견하기로 마음먹었다. 어떻게든 새로운 시도를 해야 했고, 어떻게든 방향을 바꾸어야 했다. 나는 집에 도착해서 텔레비전을 켜고 CNN을 틀었다.

하지만 이는 커다란 실수였다. TV, 라디오, 신문 할 거 없이 온통 안 좋은 소식뿐이었다. 나는 더 이상 뉴스를 보지도 듣지도 않기로 했다. 신문과 잡지 구독도 모두 취소했다. 즐겨 찾기의 뉴스 웹 사이트도 전부 삭제했다. 마트에 진열된 신문의 헤드라인을 훑어보는 것만으로도 충분했다. 보다 만족스러운 나만의 삶에 집중하기 위해 세상 돌아가는 일에 대해서 깊게 관여하기를 기꺼이 희생한 것이다. 지금 당신이 이 책을 읽는 순간에도 수많은 사건, 사고와 연예인 관련 뉴스가 쏟아지고 있겠지만, 그런 소식에 일희일비하면 감정 소모가 너무나 크다.

그렇다고 사람들이 기후 변화에 대해 논할 때 귀를 막고 '난 몰라, 난 몰라'를 외치라는 말이 아니다. 세상은 나쁜 소식 천지이고 우리의 뇌는 본능적으로 그 뉴스들을 읽고 싶어서 안달을 내므로 언론 매체들은 이를 미끼로 돈벌이를 하는 데 필사적이다. 이럴 땐 관심을 선택적, 의도적으로 기울이면 된다. 즐겨 찾기 목록에 있는 웹 사이트들을 전부 삭제한 다음 관심 있는 주제들만 선별해서 정독하자. 이는 엘리베이터와 러닝 머신에 설치된 모니터나 라디오에서 기관총처럼 다다다다 쏘아대는 피상적이고 부정적인 정보들에 무방비 상태로 노출되지 않게 스스로를 보호하는 좋은 방법이다.

나는 즉시 CNN을 꺼버리고 인터넷에 접속했다. 구글 검색창에 '블로그 시작하기'를 입력하고 검색 버튼을 클릭했다. 그로부터 불과 10분 만에 나만의 웹 사이트 '세상에서 가장 신나는 1천 가지 이야기'가 만들어졌다. 하루를 마감할 때 한 번이라도 웃으면서 잠들기 위한 나름의 대처법이었다. 초기에 게시한 글들은 굉장히 냉소적이었으며, 빈정거리거나 신랄한 내용이 주를 이루었다. 당시 내가 느끼던 시니컬한 감정이 글에 고스란히 반영되었기 때문이리라. 나는 뚱뚱한 야구 선수들을 보면 희망이 생긴다고 썼다. 그리고 사람들이 차를 타려는 순간 차 문을 잠그고 출발하는 척하는 게 세상에서 제일 웃긴 개그라고 썼다. 나는 이런 잡다한 글을 쓰고 또 썼다. 날마다 퇴근하고 집에 오면 또 다른 글을 써서 올렸다. 남들은 별거 아닌 일이라고 여길 만한 이야깃거리—건조기에서 방금 꺼낸 따뜻한 속옷 입기, 한밤중에 베개를 뒤집어 시원한 면에 얼굴 파묻기, 회사에 늦었는데 줄줄이 초록색으로 바뀌는 신호등, 오랫동안 참다가 시원하게 소변보기 등—를 매일같이 업로드했다.

나는 글을 쓰면서 카타르시스와 해방감을 느꼈다. 덕분에 잠들기 전에 부정적인 생각을 좀 더 밝은 생각으로 바꿀 수 있었다. 나는 언제나 밤 12시 1분에 블로그 글을 썼다. 자기 전에 게시글을 업로드하는 게 왜 중요했을까? 머리가 팽글팽

글 돌 때 어떻게 되는지 알 것이다. 잠을 잘 못 잔다. 다음 날은 더 심하다. 그다음 날 밤의 에너지와 회복 탄력성은 더욱 나빠지고, 그다음 날 밤은 거기서 또 나빠진다.

블로그는 잠자리에 들기 위해 침실의 불을 끄기 직전에 먼지투성이인 마음속 칠판을 문질러 닦아주는 부드러운 스웨이드 가죽 같은 존재가 되어주었다. 블로그에 글을 올린다는 건 흡사 하루 종일 끼고 있던 콘택트렌즈를 빼는 느낌, 퇴근하고 집에 와서 양말을 벗는 느낌, 답답한 스키 부츠를 벗는 느낌, 결혼식에 다녀와서 땀에 젖은 셔츠의 단추를 푸는 느낌과 비슷했다.

블로그에 글을 올린 다음에는 조금은 더 긍정적인 생각으로 잠들 수 있었다. 블로그 글쓰기는 말줄임표를 찍는 일이자 스포트라이트를 옮기는 일이었다. 무엇보다 블로그는 내가 모든 과정을 하나의 계단으로 받아들이면서 어떻게든 움직임을 멈추지 않도록 도와주었다.

요컨대 블로그 활동은 나에게 있어 필수적이고 꼭 필요한 계단과 같았다.

실패한 연애 경험도
약이 된다?

모든 이별은 아프다. 세상이 끝난 것처럼, 게임 오버인 것처럼 느껴진다. 나도 이혼하고 나서 이런 기분에 사로잡혀 있었다. 실제로 진지한 교제를 하고 있는 사람들에게 그전까지의 삶이 어땠는지 물어보면 그들은 자신이 걸어온 길을 게임 오버의 연속으로 여겼다.

몇 년 전 <텔레그래프>지를 읽다가 놀라운 연구를 발견했다. 제대로 된 남녀 관계로 향하는 길이 얼마나 험한지 알아보고 싶었던 한 연구진이 배우자와 진지하고 헌신적인 관계를 맺고 있는 사람들에게 그전까지 연애와 성관계를 얼마나 했는지 물어보았던 것이다. 얼핏 되게 이상한 연구가 아닌가 하는 의심이 들 수도 있다. 하지만 다시 생각해보면 아예 일리가 없는 것도 아니다. 왜냐하면 우리가 데이트하고 입을 맞추고 잠자리를 갖는 상대는 어떤 방면으로든 우리를 성장시키고 가르치고 일깨워주며, 우리가 인생의 여정을 이어갈 수 있게 도와주기 때문이다. 우리는 만남을 통해 더욱 성숙하고 깊이 있는 사람이 될 수 있다. 이런 면에서 모든 이별에는 목적이 있다고 볼 수 있으며, 이별 또한 하나의 계단으로 인식할 수 있다.

좀 더 자세히 들어가보자. 이 연구에 따르면, 평균적인 여성은 평생의 배우자를 만나기 전까지 열다섯 명과 키스하고, 일곱 명의 섹스 파트너를 거치고, 원 나이트 스탠드를 네 번 하고, 끔찍한 데이트를 네 번 하고, 1년 안에 헤어지는 연애를 세 번 하고, 1년 이상 이어지는 연애를 두 번 하고, 두 번 사랑에 빠지고, 두 번 깊은 상처를 받고, 한 번 바람을 피우고, 한 번 바람둥이에게 속는다고 한다.

그렇다면 남자는 어떨까? 남자들은 평균적으로 열여섯 명과 키스하고, 열 명의 섹스 파트너를 거치고, 원 나이트 스탠드를 여섯 번 하고, 끔찍한 데이트를 네 번 하고, 1년 안에 헤어지는 연애를 네 번 하고, 1년 이상 이어지는 연애를 두 번 하고, 두 번 사랑에 빠지고, 두 번 깊은 상처를 받고, 한 번 바람을 피우고, 한 번 바람둥이에게 속는다고 한다. 평생의 배우자를 찾기 전까지 말이다.

이와 같은 관계들을 일일이 거치고 싶어 하는 사람들이 과연 몇이나 될까? 나 또한 웬만하면 피하고 싶은 게 솔직한 심정이다. 그런데 한편으로는 위안이 되기도 한다. 이런 경험들이 쌓여 보이지 않는 계단에 한 줄기 빛을 던져줌으로써 장기적이고 헌신적인 관계를 원하는 사람들에게 도움이 될 수도 있다니 말이다. 물론 그 과정이 쉽지는 않을 것이다. 나는 이혼 후 다른 사람을 만날 수 있게 되기까지 1년이 넘는 시간이 걸렸다. 그리고 서로 통했던 것 같은 사람에게서 연락이 오지 않으면 크게 상처받고 완전히 무너지기도 했다.

나는 같은 층에 사는 한 남자와 친해졌다. 그는 게이였고 많은 남자들이 그의 집을 들락날락했다. 내가 그에게 데이트 상대와 잘 되지 않아서 너무 괴롭다고 하소연할 때면 그는 활짝 웃으며 똑같은 말을 해주었다.

"그럼, 다음 여자!"

다소 냉정한 말처럼 들리기도 하겠지만, 그는 그저 가망 없는 현실에 연연하지 않고 미래에 더 빨리 도달하는 일을 나보다 더 잘할 뿐이었다.

우연히 찾아온
인연

나는 1년 동안 매일 밤 블로그에 게시글을 포스팅했다. 여전히 낮에는 회사 생활을 했으며, 퇴근길에 포장해온 저녁을 먹고는 꼭 두새벽까지 인터넷을 하다가 잠들었다. 나는 슬픔에 잠겨 휘청거리면서 이 모든 과정을 혼자 겪어내고 있었다. 흔들리는 나를 잡아줄 만한 마땅한 사람이 곁에 없었기 때문이다.

무엇보다 새로운 사람들을 아무리 만나보아도 이렇다 할 진전이 없었고 실패만이 쌓여갔다. 심지어 만나는 사람을 전부인 이름으로 잘못 부르는 최악의 실수까지 저질렀다. 한 번도 아니고 몇 차례나 여러 명에게. 나는 끊임없는 대화를 나누고, 상대방과 깊이 공감할 때만이 지어지는 미소를 주고받으며, 주문하는 것도 잊어버릴 정도로 상대방에게 빠지는 꿈같은 데이트를 기다렸다. 하지만 그런 일은 일어나지 않았다. 영화 '사랑의 블랙홀'처럼 똑같은 하루가 무한 반복되듯 어색한 악수와 형식적인 포옹과 입으로 들어가는지 코로 들어가는지 모를 저녁 식사의 연속이었다.

그렇게 또 한 해가 흘렀지만 나의 일상은 크게 달라지지 않았다. 매일 밤 블로그 글을 쓰고, 소개팅을 하고, 친구들을 만나고, 온라인상에서 만난 사람들과 술을 마셨다. 그러던 어느 날 같은 층에 살던 친구 리타가 찾아와서는 길 건너에서 열리는 전시회에 같이 가자고 했다. 리타는 평소에도 술 한잔하자거나 가볍게 뭘 먹자며 집에 자주 찾아오곤 했는데, 이번에는 친구 한 명도 함께였다.

"안녕하세요. 레슬리라고 해요."

그녀가 활짝 웃으며 손을 내밀었다. 갈색 머리는 너무나 아름다웠고 온몸에서 햇살 같은 자신감이 뿜어져 나오고 있었다.

"아, 안녕하세요. 닐입니다."

나는 그녀의 당당함에 압도당해 말을 살짝 더듬으며 겨우 인사를 건넸다. 우리는 사진전 관람을 마치고 프렌치 레스토랑에서 간단히 와인을 마시기로 했다. 리타가 말했다.

"닐은 블로거야. 들어봤을 수도 있겠다. 블로그 한 지 꽤 됐거든. 요즘 제일 인기 있는 블로그 중 하나야. 《행복 한 스푼》이라고 책으로도 나온대."

레슬리가 물었다.

"블로그가 뭐예요?"

나는 그녀의 이 한마디에 완전히 매료되었다. 그날 밤 리타가 레슬리와 나에게 전시회의 사진작가에 대한 링크를 메일로 보내주었다. 덕분에 나는 레슬리의 메일 주소로 데이트 신청을 할 수 있었다.

"화요일 밤 열 시나 수요일 밤 아홉 시 괜찮으세요?"

답장이 왔다.

"미안해요. 전 좀 일찍 자는 편이에요. 유치원 교사라 일찍 일어나야 해서요."

"그럼 일요일 아침은 어때요?"

다시 물었다.

"좋아요."

마침내 그녀가 나의 제안을 받아들였다. 이로써 새로운 만남을 위해 또 한번 용기를 내게 되었다.

지금의 나를 만든 건
과거의 나

먼 옛날 아주 작은 단세포 생물이 지구상에 등장했다. 이를테면, 아메바 같은 것 말이다. 그다음에는 어떻게 되었을까? 3억 년이 지나고 이 단세포 생물들은 다세포 생물들로 진화했다. 또 그다음에는 어떻게 되었을까? 3억 년이 지나고 이 다세포 생물들은 식물과 동물로 진화했다. 그렇다고 해서 단세포 생물이 사라진 것은 아니었다. 그들은 멸종하지 않았고, 폐물이 되지도 않았다. 식물, 동물, 그리고 인간의 몸 안에는 수억 개의 단세포 생물이 살고 있다. 우리의 몸은 그들의 집이다. 그러면 다세포 생물은 어떻게 되었을까? 다세포 생물은 단세포 생물들로 이루어져 있다. 그리고 이들 역시 멸종하지 않았고, 다만 좀 더 새롭고 뛰어난 완전체의 일부가 되었다. 다세포 생물은 나무에도 있고, 당신에게도 있고, 나에게도 있다. 이쯤에서 내가 하고 싶은 이야기가 무엇인지 궁금할 것이다.

진화라고 하면 보통 과거를 '없애고 대체하는 것'이라고 생각하기 쉽지만 실제로는 '초월하고 포함하는 것'이다. 즉, 과거를 흡수해서 미래를 창조하는 것이다. 작가 켄 윌버는 《모든 것의 역사》 등 다수의 저서에서 이 개념에 대해 언급하고 있다. 도시가 발전했다고 농장이 없어지진 않았다. 대신 농업이 좀 더 효율적이고 생산적인 방식을 취하게 되었다. 영화는 사진을 대체하지 않았다. 트립 합은 힙합을 대체하지 않았다. 인간은 고릴라를 대체하지 않았다. 또 진화된 논리적 사고는 정서를 대체하지 않았다. 다만 그 정서를 새롭게 진화한 논리적 두뇌 속으로 흡수했을 뿐이다.

진정한 성장과 진화는 파괴로부터 이루어지는 게 아니다. 이전에 있었던 것이 보다 완전한 것으로 합쳐진다는 개념이 진화다. 도서관이 불타면 뭐가 남는가? 잿더미다. 책을 읽고 자신만의 개념을 발전시키면 뭐가 남는가? 온갖 위대한 생각들이다. 도시를 파괴하면 뭐가 남는가? 잿더미다. 다른 나라의 기술을 공부하고 복제해서 학습하면 뭐가 남는가? 중국이다. 농담이고, 온갖 미래 기술이다.

당신의 과거가 하나라도 빠지면 지금의 당신도 없다. 또 당신이 지금 겪고 있는 일이 하나라도 빠지면 내일의 당신도 없다.

내 전 부인의 사랑이 식지 않았다면 내가 더 허드슨의 원룸으로 이사 갈 일도 없었고, 리타라는 이웃을 만날 일도 없었으며, 그녀의 친구인 레슬리와 사랑에 빠질 일도 없었다. 1년 후 레슬리와 동거할 일도, 1년이 더 지나 그녀에게 청혼할 일도 없었다. 그녀와 결혼할 일은 절대 없었으며, 그녀와 나 사이에 아들 허드슨이 태어날 일도 없었다.

그때는 몰랐지만 나는 과거를 흡수했고 이를 바탕으로 미래를 창조했다. 이러한 일은 나에게만 벌어지는 게 아니다. 모두에게 충분히 일어날 수 있는 일이다. 당신에게, 그리고 우리에게.

무너져 내리는 듯한 감정에 휩싸일 때 말줄임표를 찍고 스포트라이트를 옮기고 지금의 실패 경험이 전체 삶에서 하나의 계단일 뿐임을 깨달으면, 자책하지 않고 다음 계단으로 나아가기 위해 노력할 수 있게 된다.

Chapter 04

스스로에게 다른 관점의 이야기를 들려줄 것

Awesome!

우리는 누구나 실패를 경험한다. 나도 그렇고, 아마 당신도 그럴 것이다.

지금까지 우리는 한없이 추락하는 것만 같을 때 이겨내고 올라설 수 있는 세 가지 시크릿—말줄임표를 찍고, 스포트라이트를 옮기고, 하나의 계단으로서 받아들이자는—에 대해 이야기했다. 부디 이 비법들이 당신에게 도움이 되었기를 바란다.

물론 아직까지는 당신이 인생의 바닥을 치는 경험을 하지 않았을지도 모른다. 어쩌면 이미 실패를 딛고 올라서서 현재는 아주 좋은 상태를 유지하고 있을지도 모른다. 어쨌든 우리 모두 가끔은 어두컴컴한 나락으로 떨어질 때가 있다는 사실 하나만은 분명하다. 어떨 땐 바닥에 아주 세게 나동그라지기도 한다. 그런데 바로 그때 우리는 우리 안의 가장 깊은 곳에 있는 악마를 마주한다. 이 악마는 각자의 아주 사적인 두려움, 죄책감, 혹은 가장 숨기고 싶은 비밀 같은 것이다.

우리가 우물 밑바닥에 떨어진 것 같은 느낌이 들 때, 그리고 저 위에 아주 작은 불빛이 보이긴 하지만 벽을 타고 올라가보려고 해도 젖은 이끼로 덮인 돌벽을 짚는 족족 손이 미끄러지는 것 같을 때에는 어떻게 해야 좋을까? 이에 대해 논하기 위해 시간을 거슬러 좀 더 개인적인 이야기를 시작하고자 한다.

때는 1979년 10월이었다. 나는 주야장천 울어대는 생후 6주 된 신생아였다. 나는 말 그대로 밤낮으로, 온종일 울었다. 부모님은 그때까지 나 말고 다른 아이를 키워본 적이 없긴 했지만 뭔가가 잘못되었다는 사실만큼은 똑똑히 알 수 있었다고 한다. 나의 어머니와 아버지는 나를 데리고 여러 병원을 전전했지만 돌아오는 답은 매번 똑같았다.

"걱정 마세요. 그냥 돌아가셔도 됩니다. 아기들은 원래 다 그래요."

하지만 어머니는 나에게 문제가 있는 게 분명하다고 확신했기 때문에 다른 병원을 찾아다니는 일을 멈추지 않았다. 그러다 마침내 한 병원에서 내가 고통스러운 탈장과 잠복 고환을 가지고 있다는 사실을 알게 되었다. 진단 후 나는 곧바로 수술을 받았다.

"아기는 괜찮을까요?"

어머니가 의사에게 물었지만 속 시원한 대답을 듣지 못

한 채 대기실에 앉아 몇 시간을 울며 수술이 끝나기만을 기다렸다. 어머니의 머릿속에는 태어난 지 6주밖에 되지 않은 아기의 몸에 접근하는 칼날과 자지러지게 우는 내 모습이 그려졌다.

어머니도 출산한 지 얼마 되지 않아 정서적으로 취약한 시기였을 텐데 자기 속으로 낳은 자식이 생식기 수술을 받는 모습을 지켜보아야 하는 심정이 어땠을지 상상조차 할 수 없다. 물론 수술을 받은 당사자는 나이지만 그때의 기억이 없으므로 감히 어머니의 마음을 이해한다고 말할 수도 없다.

수술 후 나는 더 이상 하루 종일 울지 않았다. 다행히 장기적인 후유증도 없었다. 다만 고환이 하나였고 사타구니 위쪽에 나의 성장과 함께 자라나는 흉터가 하나 남았을 뿐이었다. 부모님이 이 일에 대해서 함구했던 까닭에 나는 자그마치 중학교 때까지 남자의 고환은 하나인 줄 알았다. 우리 몸에는 하나인 기관도 있고 두 개인 기관도 있으니 하나뿐인 고환의 존재에 대해 의심하지 않았던 것이다.

거짓말 같겠지만 나는 80년대에 성장기를 보냈고 이때는 인터넷이란 것이 없었기에 충분히 있을 수 있는 일이었다. 남자 인형 켄도, 양배추 인형도, 만화 캐릭터 히맨도 생식기가 없었다. 백화점 전단지의 속옷 모델들을 보아도 음경이나 고환의 윤곽이 뚜렷하게 보이지 않았다. 여담으로, 우리 집 지하실에서 우연히 발견한 상자에 있던 <섹스의 기쁨>이란 성인 잡지 속 남자들의 나체 이미지에도 고환이 딱히 자세히 드러나지는 않았다. 나 자신도 남자의 생식기를 일부러 찾아볼 생각을 하지 않았으며, 씻을 때 말고는 벗은 남자를 볼 일이 없었으니 이쪽 계통으로는 무지할 수밖에 없었다.

그러다 9학년(우리나라의 중학교 3학년 - 옮긴이) 체육 시간에 모든 게 뒤바뀌었다. 나는 규모가 크고 서열이 뚜렷한 학교에 다니고 있었다. 9학년들은 뭐랄까 모든 학년 중에서 가장 낮은 대우를 받았고, 가장 후진 사물함을 썼으며, 교내 식당에서 좋은 자리에 앉지 못했다. 9학년생들은 밀려나고 밀쳐지기 일쑤였지만 모두들 제 분수를 알고 고개를 푹 숙인 채 다녔다.

체육은 의무 수업이었고 나는 크리스토풀로스 선생님의 반에 배정되었다. 그는 땅딸막한 키, 짧은 곱슬머리, 일자 눈썹에 팔에는 이불을 두른 듯 북실북실 털이 난 전형적인 그리스인이었다. 크리스토풀로스 선생님은 한겨울에도 엄브로 반바지에 흰 티를 입고 목에 호루라기를 걸고 있었다. 이런 겉모습이나 체육 과목 담당이란 데에서 짐작했겠지만 그는 절대 웃는 법이 없는 호랑이 선생님이었다. 같이 체육 수업을 듣는 아이들은 열네 살의 모범생, 불한당, 말썽꾼 등등이 다양하게 섞여 있었음에도 크리스토풀로스 선생님의 수업 시간에는 그 누구도 결단코 선을 넘지 않았다. 수업 첫날 선생님은 명성에 걸맞게 우리를 체력 단련실로 데려가 우리에게 할 줄 아는 아무거나 해보라고 지시했다.

"벤치 프레스 할 줄 아는 사람? 해봐. 얼마나 하나 한번 보자."

이에 아이들 중 몇몇이 바벨을 들어 올리거나 가벼운 원판을 추가하기도 했다. 더 이상 도전자가 나타나지 않자 크리스토풀로스 선생님은 직접 벤치에 드러누워 중량을 올리기 시작했다. 선생님은 연신 아이들에게 "더 올려!"를 외쳤고, 바에 올라간 무게가 양쪽에 각각 130킬로그램이 될 때까지 악을 지르고 땀을 흘리며 바벨을 들어 올렸다. 선생님의 팔과 이마에는 초록색 핏줄이 강줄기처럼 솟아올랐다. 선생님 주변에 둥글게 모여선 아이들의 입이 떡 벌어지고 눈은 휘둥그레졌다. 흡사 숲속에 사는 빅풋이 출산을 하는 광경을 목격하는 것만 같았다. 메시지는 명확했다. 선생님은 우리가 종이비행기만 날려도 우리를 아웃백 스테이크 하우스의 부시맨 빵을 쪼개듯 혼쭐을 내겠다는 무언의 압력을 행사했던 것이다. 이로써 우리는 자동으로 말 잘 듣는 학생이 되었다.

가을 내내 웨이트 트레이닝, 육상 훈련, 배구 수업을 진행했고, 다음은 보건 수업을 들을 차례였다. 크리스토풀로스 선생님은 우리를 음악실로 데리고 갔다. 선생님이 무대에 있는 지휘자 단상에 걸터앉아 생리며 헤르페스, 에이즈에 대한 교과서적인 설교를 이어가는 동안 우리는 보면대 뒤에 숨어서 새어 나오는 웃음을 최선을 다해 참고 있었다. 선생님은 툭하면 삼천포로 빠져서는 유럽의 보디빌딩 대회에서 우승했던 일, 대단한 사람들이 모이는 레슬링 대회에서 누군가를 때려 눕힌 일을 그리운 추억거리마냥 들려주곤 했다. 시간이 흐르면서 선생님에 대한 우리의 공포심은 건전한 존경심으로 바뀌었다. 왜, 청소년기에 건장한 형이나 오빠가 있었으면 하고 바란 적이 한 번쯤은 있지 않은가. 선생님은 어느 순간부터 우리에게 그런 존재가 되어가고 있었다.

어느 날 선생님이 친구와 레슬링 대회에 참가했던 이야기를 들려주면서 상대방의 고환을 실수로 쥐어짜버렸다고 했다. 그러니까 말 그대로 그 사람의 고환을 터뜨려버렸다는 것이다. 아이들은 본능적으로 몸을 움츠리고 고통스러운 신음 소리를 내며 난리 법석을 떨었다. 선생님은 그저 씩 웃으면서 웅성거림이 잦아들기만을 기다리다가 영원히 잊지 못할 명언을 날렸다.

"그때부터 그 친구의 별명은 반푼이가 됐지."

교실은 삽시간에 웃음바다가 되었다. 귀청이 떨어질 지경이었다. 내 옆에는 금발 머리를 짧게 깎은 조던이라는 남학생이 앉아 있었다. 그 수업에서 제일 친한 친구였다. 조던은 자기 보면대를 내리치며 박장대소 중이었다.

"반푼이래!"

조던이 소리를 질렀다. 듣기만 해도 속이 뒤틀리는 것 같은 무시무시한 이야기 뒤에 이어진 회심의 농담은 치명적인 원 투 콤비네이션이 되어 아이들의 혼을 쏙 빼놓았다. 주변을 둘러보니 모두가 하나같이 무릎을 치거나 고개를 젖히며 웃고 있었다. 너무 웃어서 눈물이 나올 정도로.

그렇게 나는 다른 모든 애들은 고환이 두 개가 있으며 나만 하나라는 사실을 깨달았다. 갑자기 모든 퍼즐이 맞추어졌다. 사람들이 고환을 쌍방울에 빗댈 때마다 늘 헷갈렸기 때문이다. 방울이 하나인데 왜 쌍이라고 할까? 하지만 그저 희한한 관용적 표현이겠거니, 하고 넘어갔었다. 복싱을 하다 얼굴에 한 방 먹을 때 '강냉이가 털렸다'라고 하거나 너무 배고플 때 '뱃가죽이 등에 붙을 지경이다'라고 하는 것처럼 말이다.

충격적인 감정의 물결이 온몸을 휘감았다. 졸지에 내 몸에 대한 개념이 뒤바뀌며 나는 한순간에 신체적 결함을 가진 사람이 되었다. 그것도 아주 심각한 결함을 가진 사람이 되어버렸다. 남자라면 원하지 않을 바로 그곳에. 평발이라거나 특이한 모양의 점이 있는 것과는 수준이 달랐다. 무려 고환이 하나가 모자랐다.

'혹시 더 커서 목소리가 여성스럽게 바뀌면 어떡하지? 친구들과 몸을 부대끼며 운동할 수 없겠지? 평생 아이를 못 낳는 거 아닌가?'

선생님과 반 친구들의 논리에 따르면 나는 영락없는 반푼이였다. 나는 타이트한 흰색 팬티를 입다가 헐렁한 사각 팬티로 바꾸어 입기 시작했다. 체육 시간에도 라커 룸 구석에서 벽을 보고 옷을 갈아입으며 행여 다른 친구들이 볼세라 전전긍긍했다.

인터넷이 막 보급되기 시작하면서 내가 야후에 가장 먼저 검색해본 것 중 하나는 바로 '고환 이식'이었다. 그러다 미용 목적으로 음낭에 금속이나 대리석, 실리콘을 이식한 남자들의 알 수 없는 세계를 우연히 발견했다. 상상이 되는가? 음낭을 다른 사람들에게 보여줄 일이 얼마나 되겠는가. 라커 룸에서 마주치는 같은 반 친구 녀석들이랑 인생의 동반자 외에 또 누가 보겠느냐는 말이다. 그럼에도 우리는 그런 이상한 행동을 한다.

이렇게 우리는 다른 사람들의 눈에는 보이지 않는 것에 마음속 스포트라이트를 비추곤 한다. 하지만 눈에 보이지 않는데 온 신경을 곤두세우면 제대로 된 생각이나 올바른 판단에 방해가 될 수 있다.

반푼이란 단어는 끔찍한 노래가 되어 머릿속에서 무한 반복되었다. 더러운 연못에 떨어진 바짝 마른 스펀지에 차갑고 탁한 물이 순식간에 스며들듯, 날카롭고 강렬한 액체가 사방에서 한꺼번에 피부로 스며드는 것 같았다. 내가 느낀 이런 감정의 이름을 깨닫기까지 상당한 시간이 걸렸다. 그 감정은 새롭고 끔찍하고 음울했으며, 단순히 죄책감이나 부끄러움, 두려움 따위로 설명할 수도 없었다. 그보다 훨씬 거대했고, 훨씬 넓고 깊었다. 그것은 바로 수치심이었다.

영혼의 늪지대

차갑고 탁한 늪에서 우리를 기다리는 그렘린(기계를 망가 뜨리는 것으로 알려진 요정 - 편집자) 하나가 있다. 수치심이라는 이름의 그렘린이다. 수치심은 우리가 스스로에게 말하는 수 많은 이야기의 근간에 있다. 그렇다면 수치심이란 뭘까?

옥스퍼드 영어사전은 수치심을 '잘못된 행동이나 미련한 행동을 의식함으로 인해 굴욕과 괴로움을 느끼는 고통스러 운 감정'이라고 정의한다. 그런데 옥스퍼드의 지식인들에게 는 미안하지만 이는 수치심을 너무나 좁은 의미에서 바라보 는 것이다. 우선 수치심은 굴욕과 괴로움 정도가 아닌 데에 다, 반드시 잘못되거나 미련한 행동에서만 기인하는 것도 아 니기 때문이다. 그렇지 않은가. 침대에 실례를 했을 때에도 수치심이 들 수 있고, 원하는 몸매가 아닐 때에도 수치심이 들 수 있으며, 술집에서 시비가 벌어졌는데 조용히 물러설 때 에도 수치심이 들 수 있다. 그렇다고 해서 이런 행동들을 '잘 못된 행동이나 미련한 행동'이라고 단정 지을 수는 없다.

수치심에 대한 더 나은 정의는 없을까? 사전에서 벗어나서 생각해보자. 칼 융은 수치심을 '영혼의 늪지대'라고 표현했다. 영혼의 늪지대. 이거다. 훨씬 적절해 보인다. '영혼의 늪지대'는 사전적 정의는 아니지만 의미가 더 잘 와 닿는다. 수치심은 굴욕감, 괴로움, 걱정, 창피함, 죄책감, 외로움, 이외에 말로 표현하기조차 어려운 너무나 많은 감정이 뒤섞인 늪과도 같다. 이러니 수치심에 대한 이야기를 하는 것 자체가 어려울 수밖에. 양 볼이 빨갛게 물든 작디작은 이모티콘만으로 가슴을 옥죄는 두려움과 깊숙이 스며들어 벗어나기 힘든 탁한 물, 즉 영혼의 늪지대를 나타내기에는 턱없이 부족하다.

연구자이자 작가인 브레네 브라운은 수치심을 '우리 안의 어떤 결함 때문에 애정이나 소속감을 느낄 자격이 없다고 여기는 매우 고통스러운 감정 혹은 경험으로, 실수를 저지르거나 어떤 일에 실패함으로써 자신이 다른 사람들과 연결될 가치가 없다고 느끼도록 만드는 무언가'라고 설명한다. 이제야 수치심의 개념에 대해 감이 오지 않는가? 브레네 브라운의 설명을 좀 더 들어보자.

"당신이 경기장에 들어선다. 문에 손을 올리고 생각한다. '좋아. 들어간다. 한번 해보자.' 그때 수치심이라는 그렘린이 이렇게 말한다. '어? 넌 아직 부족한데? 넌 MBA도 중도에 포기했잖아. 네 아내는 널 떠났고. 네가 자라면서 겪은 일들을 내가 다 아는걸. 네가 봐도 넌 별로 멋지지도, 똑똑하지도, 유능하지도, 강하지도 않잖아. 네가 CFO가 됐을 때도 네 아버지는 관심조차 없었지?' 수치심이란 바로 이런 거다."

수치 플레이에서
정말로 비난받아야 할 사람

수치심은 우리가 스스로를 어떻게 생각하는지에 중대한 영향을 끼친다. 우리는 수치심을 꼭꼭 숨겨둔다. 설사 수치심을 들여다본다 해도 어색하게 겉핥기만 한다. 흉터를 가리거나, 빗질을 열심히 해서 머리카락이 휑한 곳을 덮거나, 몇 센티미터라도 커 보이기 위해 굽 높은 신발을 신듯이 말이다. 거의 모든 사람들이 그렇다. 우리는 스스로 불완전하다고 인식하는 부분으로 인해 고민하고 헤매고 걱정하고 스트레스를 받는다.

최근에 가판대의 타블로이드 신문 1면에서 한 A급 연예인이 체중을 하루에 다섯 번 잰다는 머리기사를 보았다. 이

것이 신문 1면에 도배된 이유는 많은 사람들이 공감할 수 있는 두려움이기 때문이다. 스스로 별로라고, 완벽하지 않다고, 뭔가 부족하다고 속삭이는 머릿속의 불안, 자의식, 자기혐오로 진을 빼는 것은 모두의 공통적인 경험이 아닐까 싶다.

그럼 어떻게 하면 수치심을 없애고, 극복하고, 무시할 수 있을까? 미안하지만 한 가지는 확실하다. 우회로는 없다. 그렇기에 눈앞의 늪을 정면으로 헤치고 나아가야 한다. 물론 쉬운 일은 아니다.

심리학자 버나드 골든은 자신의 저서 《파괴적인 분노 극복하기》에서 다음과 같이 말하고 있다.

"몇몇 연구자들에 따르면, 수치심은 우리가 저지른 나쁜 행동보다 우리 자체가 나쁜 존재로 인식되는 말을 반복적으로 듣는 데서 생겨난다. 죄책감이나 창피함과 마찬가지로 수치심은 자신이나 타인의 기준에 부응하지 못했을 때 스스로를 부정적으로 판단하는 것을 수반한다."

나의 아내 레슬리는 자녀 양육에 있어서 이 점을 특히 주의하기 위해 노력한다. 이를테면, "방이 왜 이렇게 지저분하니!"라고 하는 대신에 "아직 책과 옷을 제자리에 두지 않았네."라고 한다. 그리고 "왜 이렇게 잘 까먹니!"라고 하는 대신에 "오늘 가방을 놓고 갔더라."라고 구체적으로 말한다.

일리노이 대학교의 명예 부교수인 샤흐람 헤시마트는 20년 넘게 중독을 연구했다. 그는 이렇게 말한다.

"수치심을 경험하려면 다른 사람들이 자신을 판단하고 있다는 자의식이 저변에 깔려 있어야 한다."

매우 논리적이고 날카로운 지적이다. '반푼이' 이야기를 들은 아이들이 보면대를 내리치며 깔깔댔던 이유 또한 그들이 내린 판단 때문이었다. 여기서 중요한 사실 하나를 짚고 넘어가야 한다. 판단의 주체가 다른 사람들뿐만이 아니라면? 우리 자신도 다른 사람들처럼 스스로를 판단한다면?

야단치는 부모님이나 괴팍한 선생님을 적으로 묘사하는 건 그리 어렵지 않다. 내 친구 한 명은 어렸을 때 침대에 실례한 날 아버지의 얼굴에서 본 화난 표정을 아직도 생생하게 기억한다. 나도 7학년 때 선생님이 반 친구의 철자 시험지를 찢어버리던 장면이 기억난다. 선생님은 학급 전체가 지켜보는 가운데 칠판에 '장-레-희-망'이라고 큼지막하게 쓰고는 대체 어느 별에서 와야 '장래 희망'을 '장레 희망'이라고 쓸 수 있냐며 다그쳤다. 우리 모두 이런 에피소드 하나쯤은 겪었거나 알고 있다. 그리고 이와 같은 순간은 쉽게 잊히지 않고 오래도록 우리를 괴롭히는 수치심을 탄생시킨다.

하지만 우리를 수치스럽게 하는 이야기에 스스로가 동참하고 있다면? 수치심을 유발했다며 다른 사람을 원망하면서도 실상은 그것을 내면화하고 되새기고 기억하고 반복하는 사람이 우리 자신이라면? 과연 우리는 스스로에게 어떤 이야기를 들려주고 있을까? 그리고 어떤 수치심을 우리의 뇌에 손수 욱여넣고 있는 걸까?

<미국 국립 과학원 회보>에 실린 한 연구는 다음과 같이 기술한다.

"수치심은 '자기 자신'이 스스로를 어떻게 보느냐 하는 관점에 달렸다. 즉, 수치심은 타인이 개인을 어떻게 평가하는지 걱정해서 생기는 것이 아니다."

해당 연구자들은 다른 사람들이 자신을 어떻게 생각하는지에 대한 불안이나 걱정은 수치심의 원인이 아니라 결과임을 밝혀냈다. 이 말인즉슨 애초에 스스로에 대한 의심과 불안감이 없으면 다른 사람들이 자신을 보는 시선에 주목하지 않는다는 의미다.

체육 시간으로 돌아가보자. 문제의 장면으로 되돌아가 새로운 렌즈를 통해 다시 들여다보자. 체육 선생님의 농담과

반 친구들의 폭소를 간단명료한 메시지로 구체화하고 그 자리에서 내면화한 건 다름 아닌 나 자신이었다.

"내 고환은 고장 났어. 난 평생 여자 친구를 못 사귈 거야. 아이도 갖지 못할 거야. 한마디로, 난 쓸모없는 인간이야. 이 사실을 아무도 모르게 영원히 숨겨야 해."

이건 순전히 내 생각이었다. 물론 이와 같이 생각하게 된 원인이 나에게만 있다는 뜻은 아니다. 내가 하고 싶은 말은, 나의 수치 플레이에서 연기를 펼치는 배우가 다름 아닌 바로 나 자신이었다는 것이다. 심지어 조연도 아닌 주연이었다.

문제는
생각하기 나름이다

세스 고딘은 《보랏빛 소가 온다》, 《린치핀》, 《트라이브즈》를 비롯해 열아홉 권의 베스트셀러를 쓴 작가다. 또한 세계적인 파워 블로거이자 TED 같은 큰 자리에서 일상적으로 강연하는 인기 강사이기도 하다. 나는 내 팟캐스트 '3 북스'에서 그를 인터뷰한 적이 있다. 우리는 그에게 가장 큰 영향을 미친 책 세 권 중 하나인 루크 라인하트의 《EST 훈련법》에 대한 이야기를 나누었다.

《EST 훈련법》은 1970년대에 흥행한 뉴에이지 운동으로서 나흘에 걸쳐 60시간 동안 진행된 에어하드 세미나 트레이닝에 대해 다룬 책이다. 세스 고딘은 이 훈련법의 컬트적인 면이나 이 책에서 전개한 일부 터무니없는 주장에는 전혀 동의하지 않는다는 입장을 분명히 하면서도, 이 책을 읽으면서 망치로 세게 얻어맞은 듯한 충격을 받았다고 했다. 그는 이 책의 논지를 이렇게 요약했다.

"문제는 바깥세상이 아니라 바깥세상에 대해 내가 스스로에게 들려주고 있는 이야기죠. 그런데 이 이야기는 선택이 가능해요. 이야기가 마음에 들지 않는다면 스스로에게 다른 이야기를 들려주세요. 그거면 돼요. 간단하죠. 그런데 사람들은 대부분 이런 제 말을 듣고도 아무것도 바꾸지 않더라고요."

세스 고딘의 말대로 정말 간단할까? 안타깝게도 대답은 '아니다'이다. 간단할 수가 없다. 왜냐하면 우리는 스스로에게 부정적인 이야기를 들려주는 게 훨씬 익숙하기 때문이다. 우리는 최악의 상황을 가정하고, 스스로를 비난하고, 수치심에 굴복하고, 스스로에게 가치가 없다며 서슴없이 막말을 하고, 더 심한 언행까지 일삼는다. 우리가 쓰는 이야기에서 우리 자신은 악당이거나 동네 바보이거나, 혹은 둘 다다. 우리는 왜 이리 고집스럽게 부정적일까? 왜 이렇게 스스로를 가혹하게 판단해버릴까?

내 말에 정곡을 찔린 것 같은 사람이 있다면 오히려 다행으로 여겨도 좋다. 이런 부분을 인식하고 있다는 자체만으로 한 걸음 내디딘 거나 다름없으니. 세스 고딘 본인도 스스로에 대해 부정적인 이야기를 만들어내는 경향이 있다는 사실을 인지하게 되자, 그동안 자신에게 해왔던 말들이 전혀 균형이 맞지 않으며 심지어 자학적이기까지 하다는 사실을 깨달았다고 한다.

그렇다면 자신의 부정적인 경향을 어떻게 전환시키면 좋을까? 일단 당신은 탄생이라는 엄청난 복권에 당첨되었다. 지금 이 책을 읽고 있는 당신은 살아 있으며 문맹도 아니고 교육받은 사람이다. 주 양육자가 당신을 먹이고 입히며 키워주었는가? 대학은 갔는가? 건강은 어떤가? 당신이 가진 것들이 얼마나 좋은지 상기시켜주는 질문들을 끊임없이 반복해서 던져보자. 그러면 우리가 스스로에게 들려주는 이야기가 실상은 얼마나 꼬여 있는지를 깨닫는 데 도움이 된다.

튼살이 너무 보기 싫다? 하지만 그 튼살이 아름다운 아이를 세상에 태어나게 한 사실을 기념하는 영원한 문신이 된다면?

원 나이트 스탠드를 너무 많이 한 게 수치스럽다? 하지만 이런 경험 덕분에 자신의 성적 취향을 정확히 파악하게 되었다면?

최소 5킬로그램은 찐 것 같은 흉물스러운 뱃살이 너무 싫다? 하지만 매주 친구들과 맛집 모임을 가지는 게 그 어떤 일보다 즐겁다면?

선택을 유지하고 고수하는 것은 우리 자신이다. 우리는 스스로에게 또 다른 이야기를 들려주는 쪽의 선택을 할 필요가 있다. 흑역사는 충분히 다시 쓸 수 있다. 스스로에게 좀 더 다정해지자. 다른 사람들에게 다정해지자고 다짐하기 전에 먼저 자기 자신에게 친절해지자. 그리고 스스로에게 긍정적인 면에 포커스를 둔 정반대의 이야기를 들려주자.

렌즈를
기울여라

어떻게 하면 우리가 스스로에게 어떤 흑역사를 들려주는지 발견하고 이것을 긍정적인 노선으로 전환시킬 수 있을까? 방법은 바로 렌즈를 기울이는 것이다. 바꾸어 말해, 스스로에게 또 다른 이야기를 들려주는 것이다. 새로운 렌즈를 장착하고 자신이 스스로에게 들려주는 이야기를 새로운 시각에서 보는 방법을 배워야 한다. 다만 관점을 달리하는 데에는 연습이 필요하다. 지금부터 머릿속에 수치심이 자라날 때 이를 줌 아웃 해서 재구성하는 데 도움이 되는 세 가지 질문을 공유하려 한다.

다음은 캐럴 드웩의 저서 《마인드셋》에 실린 사례를 응용한 시나리오다.

"화학 강의 시간이다. 화학은 좋아하는 과목이기도 하다. 그런데 시험지를 돌려받고 보니 65점밖에 받지 못했다. 충격적인 결과다. 제일 친한 친구에게 이 이야기를 하는데 친구는 듣는 둥 마는 둥 하고는 가버린다. 무시당한 느낌이다. 이후 집에 가려고 차를 세워둔 곳에 갔는데 주차 위반 딱지가 붙어 있다."

자, 기분이 어떤가? 만약 당신이 나와 비슷한 부류라면 당신의 멘털은 아마 산산조각이 났을 것이다. 그리고 속으로 다음과 같은 생각을 품고 있을 게 뻔하다.

"난 화학엔 젬병이야. 이대로 가다간 졸업도 힘들겠어. 나름 친구라 생각했던 애가 날 미워하는 것 같은데 이유를 모르겠네. 그나저나 주차 금지 구역에 차를 대다니 난 왜 이렇게 멍청할까? 오늘 진짜 최악이다."

하지만 이 시나리오를 자세히 들여다보면 다른 맥락이 보이기 시작한다. 이제 렌즈를 조금 기울여 상황을 다시 확인해보자. 화학 시험은 그냥 시험이었다. 중간고사도, 기말고사도 아니다. 이 말인즉슨 이 시험 결과가 당신의 최종 학점이 아니란 것이다. 수많은 강의 중에서 화학 시험 하나 망치는 건 일도 아니며, 누구나 잘하는 과목이 있고 못하는 과목이 있는 법이다. 친구는 또 어떤가. 무시당했다는 느낌이 든 이유는 친구가 당신의 말에 집중하지 않고 가버렸기 때문이다. 그런데 친구가 서두른 이유는 알 수 없다. 뭔가 안 좋은 일이 있었거나 중요한 약속이 있었을 수도 있다. 이를테면, 수업 시간에 늦었을 수도 있고 급한 연락을 받았을 수도 있다. 친구는 당신을 무시하지 않았으며 당신을 미워하지도 않는다. 당신을 밀친 적도 없고 기분 나쁘게 쳐다보지도 않았다. 당신은 친구나 가족이 말을 걸 때 제대로 응대해주지 못하고 급하게 자리를 뜬 적이 없는가? 분명히 한 번쯤은 있을 거다. 주차 위반 딱지도 마찬가지다. 이건 그냥 딱지다. 차가 견인된 것도 아니고 사고가 난 것도 아니다. 누구나 주차 위반에 걸릴 수 있다. 심지어 시에서 주차 위반 건으로 벌어들이는 수입이 꽤 쏠쏠해서 위반 차량을 찾기 위해 대규모 병력을 동원해 눈에 불을 켜고 순찰을 돌 정도다. 주차 위반 딱지를 떼였다고 해서 인생에 오점이 남을 거라고 단정 짓는 건 누가 보아도 너무 멀리 간 것 아닌가.

우리가 어떤 수모를 당할 경우 우리의 뇌는 이런 상황으로 말미암아 삶이 통째로 뒤집힐 거라고 섣불리 인식해버린다. 하지만 전혀 그렇지 않다. 스스로에게 또 다른 경우의 수에 대해 들려주는 방법을 익히면 문제는 의외로 간단히 해결된다.

"이 시험은 이미 끝났어. 게다가 다음 주에 있을 중간고사가 더 중요하니까 지금부터라도 열심히 공부해야겠네."

"친구한테 무슨 일이 있는 건가? 별일 아니어야 할 텐데.

내일 연락해서 무슨 일인지, 혹시 대화 상대가 필요한지 물어봐야겠다."

"아, 학교 밖에서는 오후 세 시에 딱지를 떼일 수도 있구나. 다음에는 늦을 경우를 대비해서 차를 다른 데 대야겠다."

렌즈를 기울이는 작업을 해보니 어떤가? 쉬운가? 당연히 쉽지 않을 것이다. 사실 진짜 어렵다. 말이 쉽지 생각 회로를 다르게 돌리는 건 아주 힘든 일이다. 그렇기에 스스로에게 또 다른 이야기를 들려주기 위해서는 반드시 연습이 필요한 것이다.

새로운 관점을 위한
세 가지 질문

다음으로 문제를 극복하는 데 도움이 되는 세 가지 질문에 대해 알아보려 한다. 땅속으로 꺼지고 싶을 정도로 마음이 좋지 않을 때 이 상태에서 벗어나 스스로에게 또 다른 이야기를 들려줄 수 있게 분위기를 환기시켜주는 질문들이다.

우선 첫 번째 질문이다.

1. 내가 오늘 죽는다 해도 이 문제가 그렇게 중요할까?

이 질문은 스스로에게 하는 모든 이야기에 매우 효과적이다. 또한 굉장히 쉬운 질문이기도 하다. 이에 대한 대답은 거의 '아니다'이기 때문이다.

경미한 접촉 사고를 일으켰다? 물론 사고는 크기와 상관없이 일어나지 않도록 조심해야 한다. 하지만 내가 오늘 죽는다 해도 이 문제가 그렇게 중요할까? 그렇지 않을 것이다. 그러니 과도하게 자책하는 대신 스스로에게 일종의 운전 경험으로 받아들이자고 이야기해주자.

해고를 당했다? 물론 지금으로서는 너무나 불행한 일일 수 있다. 하지만 내가 오늘 죽는다 해도 이 문제가 그렇게 중요할까? 아니다. 그렇다면 스스로에게 이렇게 말해주자.

"비록 회사에서 잘렸지만 내가 좋아하는 일을 찾을 준비가 된 것 같아서 기쁘다."

글을 쓸 때마다 되인지 돼인지, 어떻게인지 어떡해인지 헷갈린다고? 뭐 어떤가. 나도 헷갈린다. 그런데 내가 오늘 죽는다 해도 이 문제가 그렇게 중요할까? 당연히 아니다. 장례식에서 고인의 맞춤법을 신경 쓰는 사람을 본 적이 있는지를 생각해보면 답이 나오지 않는가.

<가디언>지에 사람이 죽는 순간에 가장 많이 하는 후회 다섯 가지에 대한 기사가 실린 적이 있다. 간호사 브로니 웨어는 완화 치료 병동에서 일하며 수많은 사람들의 죽음을 목격했다. 죽음을 목전에 둔 환자들이 삶에서 후회되는 점들을 그녀에게 들려주었는데, 그중 가장 많은 후회는 다음과 같았다.

"다른 사람들이 나한테 기대하는 삶 말고 나에게 충실한 삶을 살걸."

"너무 열심히 일만 하지 말걸."

"내 감정을 용기 있게 표현할걸."

"친구들과 연락 좀 하고 살걸."

"좀 더 행복하게 살아볼걸."

공통점이 보이는가? 죽음을 앞둔 사람들은 더 예쁜 외모, 더 뛰어난 맞춤법, 혹은 더 멋진 복근을 갖지 못한 것을 후회하지 않는다. 그들은 삶 전체를 돌아본다. 고환이 하나뿐이라는 내 수치심에서 벗어나기 위해 내가 던지는 질문이 바로 이거다. 내가 오늘 죽는다 해도 이 문제가 그렇게 중요할까? 답은 정해져 있다.

"아니다."

명심하자. 우리가 스스로에게 주입시키는 흑역사는 하나

의 선택지에 불과하다.

2. 내가 할 수 있는 일이 있을까?

어렸을 때 침대에 실례한 일을 가지고 당신의 아버지가 당신에게 수치심을 안겨준 기억이 여전히 상처로 남아 있는 경우, 당신이 할 수 있는 일이 몇 가지 있다. 심리 치료나 상담을 받아볼 수도 있고, 일기를 쓰거나 친구에게 털어놓으며 생각과 감정을 정리해볼 수도 있으며, 아니면 부모님과 직접적인 대화를 시도해볼 수도 있다. 문제 상황을 속에 꾹꾹 눌러 담지 말고 밖으로 끄집어내는 것이다.

하지만 수치심을 느끼는 이유가 조울증이나 유산, 혹은 자라지 않는 턱수염 때문이라면 글쎄, 이런 것들을 바꾸기 위해 할 수 있는 일은 없을 수도 있다. 방법이 없다는 말이 아니다. 이런 유의 문제들은 통제가 불가능하다는 점을 기억하라는 것이다. 그러면 책임에서 벗어날 수 있고 나아가 죄책감을 덜 수 있다. 문제를 두고 당신이 할 수 있는 게 아무것도 없다면 불가능한 일에 연연하지 말고 앞으로 나아갈 수 있게 도와주는 또 다른 이야기를 스스로에게 들려주자.

지갑을 잃어버렸다? "지갑을 도난당하다니 난 너무 바보 같아. 아니, 근데 어떤 무개념이 훔쳐간 거야? 세상에 믿을 사람 하나 없다더니."라고 비관하는 대신 이렇게 말해보자.

"물건을 훔칠 정도로 도움이 간절한 사람이 있었던 거 아닐까. 내 지갑에 있는 돈으로 따뜻한 한 끼 식사라도 하거나 하룻밤이라도 제대로 된 잠자리를 가질 수 있다면 좋겠네"

물론 도둑의 딱한 사정까지 이해해주라는 말이 아니라, 이미 벌어진 일에 대해 분노하면서 에너지를 올인하지 말고 전혀 다른 관점에서 이 상황을 넘겨보자는 뜻이다. 그러면 문제 상황에 빠져 허우적대며 가라앉는 대신 앞으로 헤엄쳐 나아갈 수 있는 원동력이 생길 것이다.

조금 더 가슴 아픈 예를 들어보겠다. 이건 정말 남 일 같지 않으리라. 몇 년 전 나의 아내 레슬리는 유산을 했다. 아내와 나는 절망에 빠졌고, 이런 우리들이 스스로에게 한 이야기들은 우리 자신에게 더욱 극심한 고통만을 안겨주었다. 우리가 뭘 그렇게 잘못한 걸까? 누구 탓이었을까? 혹시 그때 다툰 일 때문인가? 그때 먹은 게 잘못되었나? 그 장소에 가지 말았어야 했나? 그러다 우리는 스스로에게 또 다른 이야기를 들려주기 시작했다.

"태아가 제대로 발달하지 못하는 상태였대. 인간은 본능적으로 임신을 언제 끝내는 것이 최선인지를 아나 봐."

물론 이러한 기울어진 렌즈, 즉 새로운 이야기가 우리의 고통을 완전히 없애주는 건 아니었다. 우리는 여전히 아팠다. 하지만 우리는 또 다른 이야기를 스스로에게 들려준 덕분에 지독한 자기 비난에서 벗어날 수 있었고, 이와 같은 이야기는 우리가 천천히 앞으로 나아가며 문제를 극복할 수 있도록 도와주었다.

요컨대 우리가 바꿀 수 없는 것들을 받아들일 수 있는 평온함과 바꿀 수 있는 것들을 실제로 바꾸고자 하는 용기, 그리고 이들의 차이점을 아는 것이야말로 참된 지혜로움이 아닌가 싶다. 내가 할 수 있는 일이 있는지 자문했을 때 나오는 대답은 둘 중 하나다.

뭔가를 할 수 있다면 뭘 더 기다리는가.

반대로 뭔가를 할 수 없다면 뭐 어쩔 수 없는 거다.

바꿀 수도 없는 일을 걱정하는 데 시간을 허비하지 말자. 고환이 하나라는 사실을 바꿀 수는 없지만 나에게 들려주는 이야기는 바꿀 수 있다. 레슬리가 유산했다는 사실은 바꿀 수 없지만 우리 부부는 우리에게 또 다른 이야기를 들려주는 쪽을 선택함으로써 끝없는 방황과 자책에서 벗어날 수 있었다.

3. 이것은 사실일까, 아니면 내가 스스로에게 들려주는 이야기일까?

지금부터는 약간의 메타 인지를 발휘할 시간이다. 세 번째 질문은 가장 중요하다. 이것은 우리가 삶의 진실에 덧붙이는 모든 짤막한 이야기들을 벗겨내고 또 벗겨내는 작업이기 때문이다. 우리는 무의식중에 불필요한 사족을 달 때가 너무나 많다. 정신을 바짝 차리고 절대적인 진실을 찾자. 굳이 겪지 않아도 되는 고통을 안겨주는 정신적 부속물을 다 떼어내 버리자. 확실하고 객관적인 핵심에 다다를 때까지 계속 벗겨내자. 그리고 핵심만을 가지고 스스로에게 또 다른 이야기를 들려주자.

나는 고환이 하나다. 어떤 사람은 유방이 하나다. 콩팥이 하나이거나 다리가 하나인 사람도 있다. 불안증이나 알코올 중독, 혹은 치매를 앓는 사람도 있다. 누가 더 아픈가를 따지자는 게 아니다. 이 질문의 핵심은 우리가 가지고 있는 것과 우리가 거기에 덧붙인 것을 구별하자는 데 있다. 극단적인 예를 들면, '나는 고환이 하나야'는 '나는 평생 연애도 못해볼 기형아야'와는 천지 차이다. 전자는 사실이고 후자는 이야기다. 잊지 말자. '나는 알코올 중독이야'는 '우리 가족은 나를 절대 믿지 못할 거야'와 매우 다르다. 또 '생물 시험을 망쳤어'는

'부모님을 실망시켰어'와 매우 다르다.

정리해보면 우리가 던져야 할 세 가지 질문은 다음과 같다.

내가 오늘 죽는다 해도 이 문제가 그렇게 중요할까?

내가 할 수 있는 일이 있을까?

이것은 사실일까, 아니면 내가 스스로에게 들려주는 이야기일까?

매 순간 세 가지 질문을 던지며 중심을 잡는 일은 쉽지 않을 것이다. 다만 스스로에게 좀 더 다정한 방식으로 회복 탄력성을 기르는 일도 가능하다는 것을 기억하기를 바랄 뿐이다. 거창한 목표 아래 참고 견디는 게 능사는 아니다. 오히려 소소한 노력이 의외의 근사한 결과를 안겨줄 수 있다.

우리의 생각이 우리가 스스로에게 들려주는 이야기의 영향을 많이 받는 건 엄연한 사실이다. 게다가 스스로에게 들려줄 이야기의 내용을 결정할 수 있는 사람은 자기 자신뿐이다. 그러니 소중한 자신을 위해 되도록이면 좋은 이야기를 들려주자.

Chapter 05

2보 전진을 위해
1보 후퇴할 것

Awesome!

　나는 열다섯 살에 수학 담당이었던 힐 선생님의 초대를 받아 너드미(nerd美) 물씬 풍기는 자기 계발 캠프에 참여하게 되었다. 학업 성취도가 높은 학생들이 일주일 동안 대학교를 견학할 수 있는 프로그램이었다. 몇 주 후 나는 힐 선생님의 낡은 토요타 코롤라 뒷좌석에 앉아 여학생들 사이에 끼어서 세 시간을 달려 퀸즈 대학교에 도착했다. 퀸즈 대학교 측은 우리에게 개인 공간을 비롯해 뷔페까지 제공해주었다. 그러고는 일주일 동안 듣고 싶은 강좌를 신청하라고 했다. 나와 동행한 여학생들은 철학과 독일어 강좌를 신청했다. 컴퓨터 공학은 나뿐이라 혼자 강의를 들어야 했지만 그 주의 주제가 '웹 사이트 만들기'라 잔뜩 기대가 되었다.

　단 일주일이지만 실제로 웹 사이트를 만들어볼 수 있는 절호의 기회였다. 인터넷 최신 버전 환경에서 HTML과 자바스크립트의 기초를 배울 수 있었다. 뿐만 아니라 다른 웹 사이트를 방문해 넷스케이프 네비게이터에서 '소스 보기'를 눌러 그들의 코드 일부를 볼 수 있는 방법도 배웠다. 그러다 문득한 아이디어가 떠올랐다. 어쩌면 엄청난 성공을 거둘 나만의 웹 사이트를 만들 수 있지 않을까.

수업의 마지막 이틀 동안은 'HTML과 자바스크립트를 위한 닐의 안식처'를 탄생시키는 데 매진했다. HTML 명령어를 검색해서 폰트의 크기를 키우고, 기울임을 적용하고, 진하게 만든 다음 보라색 배경에 라임 색을 입혔다. 여기에 깜빡이 효과도 주었다.

나는 1995년 5월에 본격적으로 웹 사이트를 열었다. 그리고 거기서 다른 사람들이 웹 사이트를 만들 수 있게 도와주는 자바스크립트와 HTML 코드를 공유했다. 내 목표는 웹 사이트를 만들고자 하는 사람들의 질문—라임 색으로 깜빡이는 제목은 어떻게 한 거예요?, 윙크하는 스마일 표시는 어떻게 한 거예요?, 튀어 오르는 공은 어떻게 한 거예요?—에 답변해주는 것이었다.

참고로, 1995년의 인터넷은 끌과 곡괭이 수준이었다. 유튜브, 구글, 위키피디아, 페이스북이 존재하기 훨씬 이전이었으며, 컴팩 프리자리오를 한 대씩 보유한 일부 부유층을 제외하고는 인터넷의 ㅇ자도 구경하기 힘든 시대였다. 프로디지 통신망을 이용해 인터넷에 접속하면 그나마도 한참을 기다려야 버벅대며 뜨는 빨간색 야후 로고를 만나볼 수 있었다. 사람들은 본의 아니게 캠프파이어를 하듯 옹기종기 모여 커다란 빨간색 네모 열 개가 느릿느릿 쪼개져 1백 개의 작은 네모가 되고, 이것이 다시 느릿느릿 쪼개져 1천 개의 네모가 되었다가 결국 야후라는 글씨를 이루는 모습을 지켜보아야 했다.

약속된 일주일이 끝나갈 무렵 홈페이지를 열었음에도, 그로부터 몇 주가 더 지나 내가 다니던 고등학교 도서관 컴퓨터 한 대에 인터넷이 깔렸을 때에야 비로소 내 홈페이지를 친구들에게 보여줄 수 있었다. 아이들은 홈페이지를 보고는 한동안 입을 다물지 못했다. 모두가 놀라워했다. 당연했다. 홈페이지가 있는 애들은 아무도 없었으니까. 나 또한 놀란 건 마찬가지였다. 홈페이지 한쪽에 있는 방문자 수에 100이 넘는 숫자가 찍혀 있었기 때문이다. 대체 어떤 사람들이 다녀간 걸까? 어디 살까? 무슨 일을 할까? 내 웹 사이트를 어떻게 찾았으며 여기서 뭘 얻어갔을까?

방문자 수 100이 주는 희열은 엄청났다. 나는 기회가 될 때마다 도서관에 가서 방문자 수를 확인했다. 숫자는 볼 때마다 조금씩 늘어나 있었다. 나는 꽤 오랜 시간이 지나서야 100

이라는 방문자 수의 대부분은 일주일간 홈페이지를 만들며 웹 사이트를 들락날락했던 나 자신이라는 사실을 깨달았다. 다른 사람들은 내 웹 사이트를 방문하고 싶어도 찾을 길이 없었을 테니까.

어쨌든 나는 홈페이지를 관리하기 위해 컴퓨터를 사달라고 여름 내내 부모님을 졸랐다. 그리하여 우리 가족은 컴팩 프리자리오와 프로디지를 보유하게 되었다. 그런데 어느 날 갑자기 홈페이지가 다운이 되었고 온데간데없이 사라져버렸다. 잠깐 좌절하긴 했지만 뭔가를 만들어 전 세계와 공유한다는 데에 흠뻑 취한 나는 또 다른 홈페이지 제작에 돌입했다. 그 후로 15년간 수많은 웹 사이트를 열었고, 수많은 블로그를 운영했으며, 수많은 아이디어를 냈다. 목표는 언제나 같았다. 얼마나 많은 사람들이 내 웹 사이트에 찾아오게 할 수 있는지 보는 것이었다. 장장 15년이었다. 이 영원 같은 긴 시간 동안 주기만 하면서 아무것도 받지 않는 활동을 해온 것이다.

이렇게 주면서 아무것도 받지 못할 때 이 길이 옳은 것인지 어떻게 알 수 있을까? 위에 놓인 계단은 눈으로 볼 수 없지 않은가. 손실에 손실을 거듭하는 것만 같은 느낌을 지울 수 없을 때 자신이 걷는 길을 확신할 수 있는 방법은 무엇일까?

일단 간단하게 말하면, 손실이 꼭 나쁘지만은 않다는 사실을 기억해야 한다는 것이다. 가끔은 손실이 반드시 밟아야 하는 계단일 때도 있는 법이다.

무보수로
10년만 해보면 된다

강의 후 질의 응답 시간에 다음과 같은 질문을 받을 때가 있다.

"우선 《행복 한 스푼》의 성공을 축하드립니다. 어떻게 하면 엘리베이터에서 방귀 뀌는 이야기 같은 걸로 수십 억씩 벌 수 있을까요?"

이 사람의 속마음은 아마도 이게 아닐까.

"로토 맞으셨네요. 어떻게 하면 저도 당신 같은 행운을 얻을 수 있을까요?"

이에 대한 내 대답은 항상 똑같다. <디 어니언>의 수석 작가였던 토드 핸슨의 말을 그대로 인용한 것이다. 《골 때리는 이야기》라는 책에는 저자 마이크 색스와 토드 핸슨의 인터뷰 내용이 실려 있다. 사람들이 토드에게 "어떻게 하면 저도 당신처럼 농담 몇 마디로 떼돈을 벌 수 있을까요?"라고 무례한 질문을 아무렇지 않게 던질 때마다, 그는 아주 간단한 대답을 해주었다고 한다.

"돈 받지 말고 10년만 해보세요."

주위를 둘러보자. 조그마한 스타트업이 출범한 지 두 달만에 수십 억 달러에 구글에 인수되는 등 주변에는 번개같이 빠른 성공 스토리가 가득하다. '30초씩 투자해서 21일 만에 식스 팩 얻는 비결 일곱 가지'라는 링크의 유혹은 너무나 강력해서 도저히 클릭하지 않을 수가 없다. 우리는 오즈의 마법사가 숨어 있는 커튼을 걷어버리고 싶어서 안달이다. 하지만 우리가 원하는 임시변통, 쉬운 해결책, 지름길은 존재하지 않는다. 사람들이 원하는 답변은 아니겠지만, 어떤 일들은 결과를 내는 데 시간이 걸린다. 즉, 물리적인 시간이 반드시 필요하다. 뿐만 아니라 실패도 많이 하고 손실도 많이 겪는 등 충분한 경험이 필수다. 그러니 이렇게 자문해보자.

내가 경험을 쌓고 있는 중인가?

이 경험이 나중에 도움이 될 것인가?

당분간 이 길에 머무를 수 있을 것인가?

상황에 따라서는 아니라는 답이 나올 때도 있고, 그렇다는 답이 나올 때도 있을 것이다. 기억할 점은, 이 질문들은 당신이 배우고 있고, 뭔가를 하고 있고, 비록 실패하고 있을지언정 분명 움직이고는 있다는 사실을 일깨워준다는 것이다.

실패의 행진에 앞장서는 용기

1996년 나는 채드라는 친구와 '내가 어렸을 적에'라는 사이트를 열었다. 우리는 이 사이트에 우리가 어렸을 적에 믿었던 것들을 한 문장으로 올렸다. 이를테면, '내 사촌의 물침대 속에 물고기가 산다고 생각했다' 혹은 '집 앞 골목 끝에 있는 초록색 지상 변압기가 신문 인쇄기인 줄 알았다' 혹은 '목 안쪽에 작게 달랑거리는 게 음식과 음료수를 구분하는 건 줄 알았다' 등과 같은 내용이었다. 우리는 다른 사람들도 사연을 보낼 수 있도록 사이트 아래쪽에 메일 주소를 게시했다. 하지만 개는 다 수컷이고 고양이는 다 암컷인 줄 알았다고 고백한 내 여동생을 제외하고는 아무도 메일을 보내지 않았다.

이 말인즉슨 나와 채드를 제외한 사이트 방문자가 단 한 명이라는 뜻이었다.

1997년에는 롭과 톰이라는 친구들과 팀을 맺어 '레이블제로닷컴'을 시작했다. 아티스트들이 우리 사이트에 음악을 무료로 올리면 사용자들이 광고를 보거나 설문 조사에 참여한 다음 음악을 다운로드할 수 있도록 하는 게 우리의 계획이었다. 도메인까지 구매했지만 안타깝게도 레이블제로닷컴의 영역은 우리 집 지하실을 벗어나지 못했다. 우리에게는 기업들과 뮤지션들에게 접촉하는 방법이나 프로그래밍 관련 지식이 전무했기 때문이다.

그야말로 능력이 야망을 따라가지 못한 전형적인 사례였다. 이 부분을 한번 짚고 넘어가자. 능력을 넘어서는 야망. 야망은 큰데 능력이 이를 미처 쫓아가지 못하는 것에 대해 논할 때 종종 놓치는 게 있다. 바로 이런 유의 야망은 좋은 것이며, 이와 같은 야망이야말로 당신이 원하는 것이라는 점이다.

하는 일마다 족족 쉽게 잘 풀렸다면 어땠을지 생각해본 적이 있는가? 야망이 있다는 것은 예술적인 시야를 가지고 있다는 뜻이다. 또 완제품의 모습을 상상할 수 있다는 것을 뜻하기도 한다. 다만 만드는 방법을 모르는 것뿐이다. 지금까지는. 어쨌든 개발하기 가장 어려우면서 절대 돈으로 살 수 없는, 배우기 가장 어려운 뭔가를 품고 있다는 말이다.

이를 달리 표현하면, 당신이 감각을 가지고 있다는 뜻이기도 하다. 어찌 보면 감각은 비전과 크게 다르지 않다. 감각은 본인이 무엇을 원하는지, 어디로 가고 있는지 잘 알고 있다는 것을 의미한다. 단지 지금은 그곳에 도달하기 위해 거쳐가야 하는 진창길 한복판에 있을 뿐이다.

능력을 넘어서는 야망은 올바른 길을 가고 있다는 확실한 증표다. 그것은 당신이 팟캐스트를 운영하든, 북 클럽을 운영하든, 소프트볼 팀 코치를 맡든, 소프트웨어 설계를 하든, 깜짝 파티를 계획하든, 중요한 보고서를 준비하든 간에 이것들을 더 잘하고 싶어 한다는 것을 의미한다. 더불어 감각이 있다는 건 본인이 그 일을 얼마나 잘할 수 있는지 안다는 것을 의미한다.

더 잘하기를 원하는 것은 진정한 재능이다. 이는 앞으로도 계속해서 노력한다는 뜻이고, 앞으로도 계속해서 실패한다는 뜻이고, 앞으로도 계속해서 배운다는 뜻이다. 현실에 안주하는 것보다는 허접하게나마 끊임없이 시도하는 편이 백배 낫다.

퀸즈 대학교에 입학한 나는 대부분의 시간을 <골든 워즈>라는 캠퍼스 유머 간행물을 쓰며 보냈다. <골든 워즈>에 실을 글을 쓰지 않는 시간에는 웹 사이트를 만들었다. 이때 만든 웹 사이트는 비즈니스 과정을 함께 수강 중이던 친구들 몇 명과 시작한 '게토하우스닷컴'이었다. 게토하우스닷컴은 나의 네 번째 웹 사이트이자 미미하지만 처음으로 성공을 거둔 웹 사이트였다.

당시 모든 학생이 학교 주변의 학생 빈민가에 불만이 많았다. 학생 빈민가에는 너구리와 쥐가 들끓었으며, 다 쓰러져 가는 지붕 아니면 그마저도 없어서 방수포로 천장을 대신한 수천 채의 집이 밀집해 있었다. 이곳의 악덕 집주인들은 독과점으로 임대업을 하고 있었다. 나와 친구들은 세입자들을 위해 집 주소와 건물 정보를 입력할 수 있는 홈페이지를 개설했다. 여기서 집주인이나 주소로 부동산을 검색할 수 있었고, 시간이 지나면서 과거와 현재 세입자들의 데이터가 쌓여 집주인들의 잘못을 입증할 수 있는 사례들이 만들어졌다. 말하자면, '을'의 입장에 있는 사람들의 체제 전복을 우리가 돕고 있었던 것이다.

사이트는 꽤 인기를 얻었고 가입자도 2천3백 명가량 되었다. 세입자들은 우리 사이트에 경고성 후기를 올리곤 했다.

"빌리와는 계약하지 마세요! 체리 스트리트 105번지인데 냉장고가 안 닫혀서 벨크로로 고정해야 하고요. 화장실 배수구는 시도 때도 없이 막혀요. 위층에 있는 방들은 심하게 균형이 안 맞아서 룸메이트들이 아침에 일어나면 최소 한 시간은 어지럽다고 할 정도예요."

우리는 1천 달러라는 금액에 웹 사이트를 대학교 학생부에게 팔고 수익을 5분의 1씩 나누어 가졌다. 학생부는 소송을 피하기 위해 게토하우스닷컴을 무력화시켰고 홈페이지 이름도 학생 주택으로 바꾸었다. 댓글을 달려면 반드시 승인을 받아야 했고 주거 환경에 대한 명예 훼손적 발언은 전면 금지되었다. 200달러를 벌어서 좋긴 했지만 배신자가 된 것 같았고 이 과정에서 홈페이지 설립 의도가 깡그리 사라져버려서 매우 불만스러웠다.

그러다 시작한 것이 라이브 저널 블로그 '단단히 비뚤어진 시선'이었다. 풋사과, 초콜릿 아이스크림, 바비큐 점화기 따위를 열렬하게 찬양했음에도 이 블로그는 또 다른 실패 사례로 남았다. 어느덧 다섯 번째 홈페이지였다. 첫 홈페이지 'HTML과 자바스크립트를 위한 닐의 안식처'로부터 10여 년

이 흐른 시점이었다. 나는 아직도 그다음 황홀경을 찾아 헤매는 중이었다. 자그마치 10년씩이나 말이다. 그나마도 내가 실제로 개설한 사이트만 개수로 친 게 이만큼이고, 아이디어로만 남았거나 친구들과 의논만 한 것들은 제외한 것이다.

과연 웹 사이트 실패의 고통은 거기서 끝이었을까? 안타깝게도 아니다. 여섯 번째 사이트는 온라인에서 만난 '레터먼'이라는 프로그램 출신 작가와 시작한 '커다란 보석'이었다. 이번에는 그래픽 디자이너를 고용해서 브랜드와 로고도 만들었다. 수요일마다 새로운 기사를 올린다는 제대로 된 포스팅 일정도 가지고 있었다. 이 프로젝트는 <디 어니언>, <맥스위니스>, 혹은 <더 뉴요커>의 유머 게시판 '고래고래 속닥속닥'의 아류였다. 우리는 이 사이트에 직접 쓰고 올린 유머 글을 잡지사, 신문사, 또는 다른 홈페이지에 팔았다. 하지만 한물간 산업에 호소하는 건 그다지 좋은 생각이 아니었다. 3~4년 동안 열심히 글을 쓰고, 편집하고, 게시물을 업로드했지만 우리의 야심 찬 유료 서비스에 대한 문의는 총 0건이었다. 방문자 수 또한 겨우 몇 천 명밖에 찍지 못했다.

나는 10년이 넘는 시간 동안 여섯 개의 웹 사이트를 망쳤다. 그다음 웹 사이트를 개설하기 전까지 자그마치 여섯 번의 실패가 있었던 것이다. 이후에 만든 웹 사이트가 바로 '세상에서 가장 신나는 1천 가지 이야기'였다. 그때만 해도 이 사이트가 이렇게까지 큰 성공을 거두리라는 예상은 하지 못했다. 어쨌든 결과적으로는 이른바 대박이 났다. 국제 디지털 예술 및 과학 아카데미에서 2년 연속 '최고의 블로그 상'을 받았고, 구독자 수는 5천만 명이 넘었다. 블로그의 내용은 《행복 한 스푼》이라는 책의 출간으로 이어졌고, 수많은 속편과 스핀오프 시리즈를 낳았으며, 이 책에서 다루고 있는 주제로까지 연결되었다.

이토록 긴 이야기를 한 이유는 다음 말을 하고 싶어서다.

"2보 전진을 위해 1보 후퇴하라!"

웨딩 사진사, 터미네이터 악당, 야구 선수의 공통점

어떤 경우에는 질보다 양이 낫다. 웨딩 사진사에게 어떻게 그렇게 완벽한 순간을 포착할 수 있는지 물어보면 그들은 언제나 이렇게 대답한다.

"그냥 사진을 엄청나게 많이 찍어요. 결혼식 세 시간 동안 1천 장은 찍어요. 10초마다 한 장씩 찍는 셈이죠. 물론 그중에서 건지는 건 50장 정도인데요. 이 50장을 위해서 950장을 버리는 거예요."

앞서 <디 어니언>의 에디터였던 토드 햄슨의 말을 기억하는가?

"돈 받지 말고 10년만 해보세요."

세스 고딘도 '더 팀 페리스 쇼'의 인터뷰에서 비슷한 조언을 했다.

"저는 지금까지 대부분의 사람들과는 비교도 할 수 없이 많은 실패를 겪었습니다. 그게 매우 자랑스럽고요. 저는 성공보다는 실패한 경험이 자랑스러워요. 결국 중요한 건 이런 질문들이거든요.

'이것이 연결성을 가지고 있는가? 이것으로 사람들이 더 좋게 바뀔 것인가? 이것을 시도할 가치가 있는가?'

위 기준을 만족시키고 이를 실천하도록 스스로를 설득할 수만 있다면 무조건 시도해야죠."

세스 고딘은 '굿 라이프 프로젝트'라는 인기 자기 계발 팟캐스트에서 조너선 필즈와 또 다른 인터뷰를 진행하며 다음과 같이 말했다.

"저는 손 떼기 선수예요."

대체 손 떼기 선수라는 게 무슨 말일까? 간단히 말해, 손 떼기는 어떤 아이디어를 시도했는데 먹히지 않으면 곧바로 거기서 손을 떼고 다른 일을 시도하는 것이다.

이 책의 제목은 《어썸》이다. 만일 이 책이 실패하면 나는 어떻게 될까? 간단하다. 손을 떼고 다음 할 일로 넘어갈 것이다. 오해는 하지 않길 바란다. 누구보다 이 책이 잘 되기를 소망하는 사람이 나이니까. 나도 되도록 많은 인터뷰에서 이 책과 이 책의 주제에 대해서 말하고 싶고, 이 책의 도움을 받았거나 이 책으로 말미암아 삶이 바뀌었거나 의미 있는 발전을 이룬 독자들을 만나고 싶다. 애초에 이 책의 궁극적인 집필 의도가 이 책이 성공해서 많은 사람들에게 긍정적인 영향력을 끼치길 바라는 데 있으니 말이다.

물론 내가 결과를 결정할 수는 없다. 내가 할 수 있는 거라곤 될 수 있는 한 많은 사진을 찍는 일이다. 그저 묵묵히 지금 주어진 일을 하고 다음에 해야 할 일을 하는 것이다. 이게 바로 핵심이다. 다음 책, 다음 이야기, 다음 프로젝트 등 뭐가 되었든 성공 여부와는 별개로 계속해서 다음 단계로 나아가야 한다. 바꾸어 말해, 성공을 결과물로서만 바라보는 좁은 시야를 버려야 한다. 성공의 뒤에는 실패를 딛고 앞으로 나아가기를 포기하지 않은 사람들이 있다는 것을 기억하자.

실패를 딛고 나아가는 것이야말로 진정한 성공이다. 그리고 회복 탄력성을 기르는 것이야말로 진정한 성공이다. 실패와 손실은 새로운 것을 시도하는 사람이라면 누구나 겪는 과정이다. 성공한 사람치고 실패의 늪에서 헤엄치지 않은 사람은 없다. 그들도 우리처럼 쓰디쓴 실패를 삼키기 일쑤고, 곳곳에 실패의 상처가 있다.

그렇다면 우리의 목표는 무엇일까? '터미네이터 2'의 액체 금속 악당인 T-1000처럼 되는 것이다. 이 캐릭터는 온몸에 총을 맞아도 비열한 웃음을 씩 날리면서 순식간에 회복하고 아무 일도 없었던 듯 전진한다.

어렸을 때 아버지가 《완벽 메이저 리그 야구 통계》란 책을 사준 적이 있다. 나는 이 초록색 책을 애지중지하며 수년간 내 방 책상에 꽂아두고 틈만 나면 들추어보았다. 어느 날 기록들을 훑어보다가 흥미로운 사실 하나를 발견했다.

'사이 영은 야구 역사상 최다승(511)을 기록한 동시에, 역대 최다패(316)의 기록도 보유하고 있다. 놀란 라이언은 역대

최다탈삼진(5714)을 기록한 동시에, 역대 최다볼넷(2795) 기록도 보유하고 있다.'

어떻게 가장 많이 승리한 사람이 가장 많이 패배할 수 있는 걸까? 어떻게 탈삼진 1위를 기록한 선수와 볼넷 1위를 기록한 선수가 동일 인물일 수 있을까? 답은 의외로 간단하다. 그들은 많은 경기를 치렀을 뿐이다. 그들은 많은 시도를 했을 뿐이다. 그리고 그들은 많은 실패를 딛고 나아갔을 뿐이다.

중요한 건 홈런을 얼마나 많이 치느냐가 아니라 배트를 얼마나 많이 휘두르느냐다. 타석에 올라서는 횟수가 쌓이면 승리하는 횟수도 쌓인다. 더 많이 승리하고 싶다면 두려워하지 말고 더 많이 실패하자.

인생을 바꾸는
비대의 마법

비대(肥大)는 이상한 단어다. 보통 비대 하면 거대한 몸집을 가진 사람의 이미지가 떠오른다. 그런데 비대라는 말은 몸매와는 아무 상관이 없으며, 우리 몸에서 근육이 어떻게 자라는지와 관련되어 있다.

웨이트 트레이닝 시 중량을 높이면 근육이 타는 듯한 고통이 느껴진다. 그래도 신음하고 땀을 뻘뻘 흘리며 근육을 최대치로 밀고 당긴다. 한계에 도달할 때까지 말이다. 이때 근육 세포에서는 어떤 일이 벌어질까? 근육이 찢어지면서 근육 조직에 작고 미세한 상처가 난다. 한마디로, 근육이 '썰리는' 걸 온몸으로 경험하는 것과 같다 할까. 그래서 이런 고통을 겪으며 얻는 게 뭘까? 이 작고 미세한 상처들, 즉 미세 외상들은 운동 후 휴식을 취하면 회복이 되고 결국에는 근육의 크기와 힘의 성장을 돕는다.

이와 마찬가지로 미세한 상처들과 같은 작은 실패들은 더 강한 당신을 탄생시킨다. 그러니 당장의 고통과 좌절에 무릎 꿇지 말고 2보 전진을 위해 1보 후퇴하자.

진부한 졸업식 연설의
치명적 오류

"여러분이 좋아하는 일을 하세요."

졸업식 연설마다 어김없이 듣게 되는 말이다.

좋아하는 일을 하라니, 이보다 더 진부한 말이 또 있을까?

지난 30년간 모든 졸업식 연설에서 공통적으로 나온 문장을 컴퓨터로 분석해보면 다음의 세 가지 말이 가장 많이 나올 것이다.

"좋아하는 일을 하세요!"

"앞으로 가게 될 멋진 곳들을 상상해보세요!"

"카르페 디엠(순간에 충실하라)!"

하지만 이 연설들이 놓치고 있는 부분이 있다.

"고통과 가혹한 대가를 감수할 정도로 좋아하는 일인가?"

이는 졸업식 연설에는 등장하지 않지만 결코 간과할 수 없는 중요한 질문이다.

《신경 끄기의 기술》의 저자 마크 맨슨은 '마리 폴레오 팟캐스트'에서 이렇게 말했다.

"제가 작가로 성공한 건 글 쓰는 일을 좋아했기 때문이에요. 저는 어렸을 때부터 포럼에 꼬박꼬박 참석해서 다른 사람들이 죄다 틀렸다는 내용을 몇 장씩이나 써 내려가거나 페이스북에서 툭하면 정치적 논쟁을 벌이는, 그야말로 비호감 캐릭터였어요. 근데 저는 그냥 단어들을 쏟아내는 일 자체를 좋아해요. 다른 사람들은 이것 때문에 글쓰기를 싫어하는데, 전 이걸 즐기는 거죠."

마크 맨슨의 소싯적 장래 희망은 록 뮤지션이었지만, 이 과정에서 겪게 될 고통, 즉 장비를 운반하고, 허름한 술집에서 공연을 하고, 여섯 시간 동안 똑같은 코드 진행으로 기타를 치는 것이 영 내키지 않았다. 그에게는 이런 고통이나 실패가 전혀 달갑지 않았다. 반면에 글을 쓰는 고통과 더 나은 작가가 되기 위해 필연적으로 겪게 되는 소소한 실패들은 거리낌 없이 즐길 수 있었다.

고통과 가혹한 대가를 감수할 정도로 좋아하는 일인가? 이 질문을 바꾸어 말하면, 좋아하는 일을 하는 과정에서는 고통과 가혹한 대가가 필연적으로 뒤따른다는 의미이기도 하다.

성에서 공주를 구하고 싶은가? 그렇다면 장미 덤불의 가시에 살갗이 찢겨도 개의치 않아야 한다. 그렇지 않으면 공주를 구할 수 없다.

새로운 직장을 찾고 싶은가? 그렇다면 이력서를 수백 장씩 제출하고 면접을 수십 건씩 치르며 당신을 받아주는 단 하나의 직장을 만날 때까지 일일이 거절당하는 고통을 겪어도 괜찮아야 한다. 이 통증은 겪어본 사람만이 알 수 있으며 굉장히 뼈아프다. 하지만 새 직장을 구하려면 그 과정에 따르는 고통과 대가는 감수해야 한다.

배우자를 찾고 싶은가? 엉망진창의 데이트를 최소한 1백 번은 해보고 심장이 갈기갈기 찢어지는 아픔을 세 번 정도는 겪어보아야 한다.

과정에는 고통이 반드시 존재한다. 그러니 스스로에게 중대한 질문을 던져보자.

"고통과 가혹한 대가를 감수할 정도로 좋아하는 일인가?"

실패를 활용하는
세 가지 방법

사이 영은 가장 많이 패배한 야구 선수다. 놀란 라이언은 볼넷을 가장 많이 기록한 선수다. 그리고 토드 핸슨은 말한다.

"돈 받지 말고 10년 동안 해보세요."

또 웨딩 사진사들은 말한다.

"그냥 사진을 엄청나게 많이 찍어요."

나도 성공할 때까지 해를 거듭하며 블로그를 수없이 시작했던 개인적인 이야기를 들려주었다. 그래서 마침내 당신이 내 말에 동의하게 되었다고 치자. 이제 당신은 실패가 더 많은 성공을 낳는다는 사실을 알고 있다. 그러니까 우리 모두 머리로는 이것을 알고 있는 것이다. 하지만 이것을 어떻게 실제 삶에 적용할 수 있을까?

지금부터는 실패율을 가속화해서 올바른 길을 가고 있는지, 어디서 방향을 전환해야 하는지, 그리고 어디서 위험을 무릅쓰고 더 완강히 밀어붙여야 하는지 알아내는 능력을 촉진하는 세 가지 핵심 사항으로 마무리하려고 한다.

1. 낯선 모임에 참석하기

현재의 성공은 미래의 성공을 차단한다.

당신이 어느 한 가지를 잘한다고 치자. 당신이 나와 같은 부류라면 당신의 뇌는 토끼몰이하듯 주야장천 그 잘하는 것만 추구하고 싶어 할 것이다. 그 일만 하면 다른 일도 덩달아 다 잘 풀릴 것 같기도 하다. 그런데 문제는 그 일을 만들어가고 긁어모으기 시작함과 동시에 훨씬 더 큰 성공으로 이어질 수도 있었던 다른 모든 차선책과 온갖 잠재적인 실패들을 놓쳐버리고 만다는 것이다.

가령, 당신이 20대에 부동산 업계에 뛰어들었다고 하자. 당신은 리조트를 몇 채 팔았고 일이 술술 풀린다는 확신이 들면서 부동산업에 정착하기로 한다. 하지만 이는 당신이 부동산 업자가 되기 위해 그만둔 발레를 계속했다면 지금쯤 브로드웨이 같은 세계적인 무대에서 멋진 공연을 펼쳤을지도 모른다는 또 다른 길에 대해 깨닫지 못하게 원천 봉쇄를 해버릴 수도 있다. 즉, 현재의 성공이 미래의 성공을 차단해버리는 것이다.

당신이 잘하는 분야가 있으면 세상은 당신이 거기에만 안주하도록 공모하고 당신의 특기를 고수하라고 한다. 이건 누구의 잘못도 아니다. 변덕스럽고 혼란스럽고 잡음이 끊이지 않는 세상을 살아가려면 우리는 삶에서 마주치는 온갖 사람들을 걸러내고 분류할 수밖에 없다. 이때 작용하는 게 바로 보이지 않는 꼬리표다. 당신의 친구들은 당신을 보며 이렇게 생각한다.

'오, 부동산 하는 친구!'

때문에 당신이 생일 파티 등의 모임에서 친구들과 나누는 대화의 주제는 부동산 시장과 이자율과 판매 시기 따위를 벗어나지 못한다. 이와 같은 대화들은 그 한 분야에 대한 당신의 배경지식을 나날이 발전시키고, 그 분야에서 당신을 더욱 성장시키며, 당신의 정체성을 확립시킨다. 결과적으로 당신은 그 분야 외의 다른 분야를 개척하고 새로운 시도를 하는 일이 더욱더 어려워진다.

그렇다면 해결책은 뭘까? 아는 사람이 없는 모임에 나가는 것이다. 불특정 다수를 대상으로 하는 초대에 응하고, 모르는 작가의 낭독회에 참가하고, 처음 듣는 음악 장르의 콘서트 티켓을 사고, 비행기에서 내려 호텔방으로 직행하는 대신 바에서 칵테일을 한잔하고, 잊고 지냈던 옛 열정을 되살려주는 온라인 모임에 참석하자.

물론 이런 자리에 나가는 일은 일종의 모험이며 소기의 목적 달성에 실패할 가능성이 있다. 모르는 사람들 사이에 둘러싸이는 건 어색하고 불편한 일이다. 게다가 마음이 맞는 사람들을 만난다는 보장도 없다. 공감이 잘 되지 않는 피상적인 대화를 세 번 정도 반복하다가 시간 낭비만 했다는 생각과 함께 자리를 뜰 수도 있다.

하지만 이런 자리에 나가면 잠재적인 이익이 분명히 따라온다. 흥미로운 장소를 많이 다닐수록 흥미로운 사람들을 만날 확률 또한 커진다. 지금껏 가보지 않았던 미지의 세계로 넘어가고, 새로운 사고방식에서 비롯된 길을 따라가고, 온몸을 꽁꽁 감싸고 있던 정신적 침낭을 벗어던지는 일을 시도하는 일 자체만으로도 긍정적인 에너지를 얻을 수 있다. 그리고 이런 경험이 참신한 아이디어를 떠올릴 수 있게 도와주는 자극제가 되거나, 새로운 시도 후 실패를 경험하고 그로부터 깨달음을 얻는 기회가 될 수도 있다.

2. 실패 예산 세우기

실패를 위한 돈을 따로 떼어놓으라고? 말이 되는 소리인가 싶겠지만 진심이다. 실패를 위한 돈을 따로 떼어놓자. 이상한 소리로 들릴 수도 있겠으나 아무거나 시도해보는 용도로 사용할 수 있는 금액을 정해두는 것뿐이다. 그 시도가 실패할 거라는 가정하에 말이다. 어쨌든 시도를 해보자. 이를테면, 굴 요리 전문점에 가는 데 20달러, 복싱 수업 듣는 데 200달러, 혹은 교외에서 개최되는 뮤직 페스티벌에 가는 데 1천 달러를 잡아놓는 식이다.

절댓값을 사용하는 게 잘 이해된다면 더할 나위 없이 좋다. 완벽하다. 하지만 예산을 짜는 일에 익숙하지 않다면 내가 사용하는 간단한 방법을 따라 해보자. 먼저 자신이 현재 얼마만큼의 판에 뛰어들었는지 결정해야 한다. 이를 자릿수 게임이라 부르기로 한다. 지금부터 게임의 방법을 소개한다.

나는 웹 사이트를 시작할 때 두 자릿수 게임을 하고 있었다. URL을 사는 데 10달러? 뭐, 이 정도 지출은 용납되는 수준이다. 하지만 그 이상은 아니었다. 당시 나는 예산이 넉넉하지 않았으므로 두 자릿수 게임을 할 수밖에 없었다. 내가 감당할 수 있는 것은 두 자릿수 위기, 두 자릿수 실험, 두 자릿수 실수였다. 허용 범위는 딱 거기까지였다. 세 자릿수 위기와 실패는 내 선에서 제어할 수 없었다. 당연히 네 자릿수는 꿈도 꾸지 않았다. 이는 '내가 어렸을 적에'를 위한 그래픽 디자이너들을 고용할 수도 없고, '게토하우스닷컴'을 초고속 서버에 로딩할 수도 없고, '레이블제로닷컴'을 위해 은퇴한 음악계 전문가에게서 컨설팅을 받을 수도 없다는 사실을 의미했다. 아무튼 이때 나의 실패 예산은 두 자릿수를 벗어나지 않는 한에서 얼마든지 가능했다.

'세상에서 가장 신나는 1천 가지 이야기'를 시작하면서는 세 자릿수 게임으로 옮겨갔다. 이때는 어엿한 성인이었고 직업도 있었다. 비용이 세 자릿수를 넘지 않는다면 어떤 시도든 해볼 셈이었다. 나는 책을 출간했다는 광고를 하기 위해 도장과 스티커를 구입하고 엽서를 인쇄했다. 사이트도 초고속 서버로 옮겼다. 몇몇 라디오 방송국의 요청을 받아서 집에서 인터뷰를 할 수 있도록 유선 전화까지 들여놓았다. 세 자릿수 지출의 일부는 효과가 있었고 일부는 실패였다. 하지만 어떤 일을 하건 간에 얻는 게 있고 배우는 게 있다는 사실은 변함이 없었다.

요즘 내가 하고 있는 팟캐스트 '3 북스'는 내가 실패 예산을 어떻게 사용하는지를 여실히 보여준다. 나는 광고나 스폰서, 즉 상업적 목적 없이 그저 아름다운 예술 작품 같은 팟캐스트를 만들어보고 싶었다. 거창할 필요 없이 최소한 나한테만 아름다우면 그만이었다. 이 팟캐스트를 개설하는 데 1년에 5천 달러가 들었다. 나는 매년 게스트들을 찾아가는 비행기 푯값, 제작비, 녹음 장비 구입비 등의 네 자릿수 '실패 예산'을 기꺼이 지출한다. 비용 대비 내가 얻어내는 이익이 훨씬 막대하기 때문이다.

한편, 자릿수를 계속해서 올리는 일이 가능할까? 물론이다. 얼마까지? 셀럽이거나 억만장자 기업가라면 일곱 자릿수 게임도 가능하다. 숫자는 개인마다 다르다. 즉, 자신이 어

느 자릿수까지 편안함을 느끼는지, 얼마까지 위기를 감수할
수 있는지에 달렸다.

단, 실패 예산을 세우라는 말은 실패에 돈을 많이 들이라
는 게 아니다. 실패율을 가속화시킴으로써 승률을 가속화시
키는 방법을 실생활에 적용해볼 수 있는 심리적 모델을 제시
하는 것이다.

3. 실패 경험 공유하기

'자신이 받은 축복을 세어보라'라는 말이 있다. 고통 속
에서 허우적대고 있을 때 온갖 감사한 일을 떠올리며 기운
을 내는 것은 좋은 방법이다. 개인적으로 이 방법을 신뢰하
기에 '세상에서 가장 신나는 1천 가지 이야기'를 쓰고 있기도
하다. 나는 결혼 생활과 집, 인생의 손실이 떠올라 괴로워하
던 순간에 지금까지 경험했던 1천 가지의 근사한 일들을 헤
아리며 기운을 차렸다. 그리고 이 축복들을 세어봄으로써 나
의 두뇌와 정신이 손실을 하나의 계단으로 받아들이고 밟아
나갈 수 있게 했다.

그런데 우리가 절대 세지 않는 게 있다. 우리는 실패나 손
실, 바닥을 친 횟수 등은 셈하기를 꺼린다. 나는 이 책을 쓰면

서 이른바 삽질이나 다름없다고 치부했던 옛 홈페이지들에 대해 처음으로 되짚어보았다. 그리고 5장의 원고를 써나가는데 이런 생각이 들었다.

'성공한 블로그 전에 실패했던 웹 사이트 세 개에 대한 이야기를 들려주어야겠다.'

그러고 나서 글을 쓰다가 네 번째 실패 사례가 기억났고, 편집을 하다가 다섯 번째 실패가, 그다음에 여섯 번째 실패까지 떠올랐다. 잊었던 기억이 하나둘씩 되살아나 겨우 2주 만에 망해서 아예 잊어버렸던 것들까지 생각났다. 그런데 이러한 손실의 기억을 돌아보는 게 의외로 기분 좋은 경험이 되었다.

나도 예전에는 머릿속 한구석에 자리 잡은 실패의 기억들을 지워버리고 싶었다. 치부를 드러내는 걸 좋아하는 사람이 얼마나 되겠는가. 언급하지 않으면 아무도 모를 일들이니 그만 함구하고 싶었다. 그렇지만 과거의 실패를 들여다보면서 우리는 그 순간들이 우리를 더 강하게 만들어주었고, 그 순간들을 지탱한 건 우리가 가진 지식과 체력과 회복 탄력성이었으며, 그 과정을 극복해낸 주체가 다름 아닌 우리 자신이라는 사실을 깨닫게 된다.

다만 손실을 세어보고 실패에 대한 자부심을 가지는 것은 굉장히 어렵다. 우리는 실패를 숨겨야 할 것, 부끄러운 것으로 배워왔는데, 난데없이 실패를 명예 훈장으로 여기라고 하니 일단 이 개념을 받아들이는 일부터 벽에 부딪힐 수밖에 없다.

혹시 꾸준히 일기를 쓰고 있다면 성공뿐 아니라 실패에 대해서도 적어보자. 실패를 솔직하게 세어보자. 스스로를 다정하게 대하고, 실패에 대한 자신의 공로를 인정하자. 내 블로그의 게시글을 예로 들어본다.

"아무도 찾지 않는 웹 사이트를 개설하는 데 시간과 돈을 들였다. 결과는 그야말로 대실패였다! 그래도 다음에 협업할 수 있는 좋은 웹 개발자를 찾아냈다는 데 의의를 두고 싶다. 게다가 도메인은 그대로 있으니까 다른 시도를 해보거나 이마저도 여의치 않으면 향후에 팔면 그만이다. 참, 오늘 내 젖먹이 아들에게 소리를 질렀다. 이럴 때마다 기분이 너무 좋지 않다. 피곤하고 배고파서 예민했던 탓에 그런 거지만 핑계에 불과하다. 아무튼 신생아 아들처럼 나도 간식과 휴식 시간이 반드시 필요하다는 사실을 잊지 말아야겠다."

실패를 인정하는 것은 어렵다. 하지만 불가능한 일은 아니다. 실패를 온 동네에 소문내고 자랑하자. 왜냐하면 당신은 실패로부터 배웠고 이 장애물들 덕분에 여기까지 왔기 때문이다. 실패가 없었다면 지금의 당신도 없다. 지금 이곳이 없다면 다음 장소에도 갈 수 없다.

실패한 적이 전혀 없다고 떠벌리는 사람은 신뢰하지 않아야 한다. 자신이 실패했다는 사실조차 모르거나, 실패한 적 없는 척하는 사람은 더욱 신뢰하지 않아야 한다.

우리는 실패와 실수에 대해서 당당하게 이야기할 수 있어야 한다. 실패는 우리를 성장시킨다. 그러니 직장에서 형편없었던 경험, 실수했던 경험, 해고당했던 경험, 망쳐버린 연애 경험, 이루지 못한 목표 등등을 드러내놓고 이야기하자. 굳이 말하지 않아도 사람들은 이 경험들이 당신이 앞으로 나아가는 데 원동력이 되었다는 사실을 알고 있다. 어찌 보면 실패 경험은 그 사람의 인간적인 면을 보여주는 것이기도 하다.

스스로의 실수와 잘못에 솔직한 태도는 우리가 어떻게 해서 지금의 자리에 도달하게 되었는지를 존중한다는 의미다. 실패를 성장의 일부로 인정하고 감사한 마음을 가져보자.

Chapter 06

드러내어
치유할 것

Awesome!

하버드 대학교에 다닌 2년 동안 나는 토론토와 보스턴을 반복해서 오가야 했다. 비행 시간이 두 시간이 채 되지 않으므로 가운데 열 없이 양쪽에 두 개의 좌석이 길게 이어진 비행기를 탔다. 그래서 내 옆자리에 앉는 사람은 항상 한 명이었다. 이런 식의 비행이 이어지다 보니 가끔 옆에 앉은 승객과 진지한 대화를 하게 되는 일들이 생겼다. 정말로 진지한 대화 말이다. 옆에 앉은 낯선 사람과 "다이어트를 심각하게 고려해야 할 것 같아요." 혹은 "제 아들을 꼭 봐야겠어요. 순식간에 클 테니 말이에요." 같은 아주 사적인 말들을 주고받기도 했다.

사실 이런 경우는 상당히 드물다. 비행 시간이 짧으면 사적인 대화에 시간을 투자할 여유가 없다. 이륙했다 싶으면 착륙하니까. 이 와중에 깊은 대화를 할 시간이 어디 있겠는가. 더군다나 비행기라는 제한된 공간에서 이방인과의 대화는 쉽지 않다. 비행 시간 내에 책도 읽어야 하고, 과제도 해야 하고, 메일 답장도 써야 한다. 이럴 때 눈치 없이 말을 걸어보아야 다음과 같은 대답이 돌아올 심산이 크다.

"아, 저도 이야기를 나누고 싶지만 도착하기 전에 할 일이 태산이라서요."

하지만 비행 시간과 좌석 배치가 찰떡같이 맞아떨어지면 비행기라는 공간은 구름 위를 나는 자그마한 고해 성사실로 탈바꿈할 수 있다. 우리는 조건만 맞으면 무의식중에 편안하고 자유로워지기 때문이다. 어떤 수고를 들이지도 않고, 가면을 쓰지도 않고, 관계에 특정한 의미를 두겠다는 의도도 없다. 한두 시간 뒤에 그동안의 대화가 "안녕히 가세요!"라는 인사와 함께 2초 만에 끝나버릴 거라는 사실을 대화 참여자 모두가 인지하고 있다. 나도 당신을 모르고 당신도 나를 모르며, 우리 둘 다 서로의 가족을 만날 일도 없고 서로의 친구를 만날 일도 없다. 이 얼마나 마음 편한 상황인가. 관련성도 낮고, 편견도 덜하고, 부담도 없는 상대가 눈앞에 있다니. 이런 연유로 비행기의 장점을 꼽으라면 나는 단연 '낯선 사람과의 교감'을 첫 번째로 들고 있다.

보스턴에서 토론토로 비행기를 타고 가던 어느 날 밤 나는 대머리에 턱수염을 기른 40대 컨설턴트와 깊은 교감을 하게 되었다. 그가 땅콩을 집어 먹는 동안 우리는 사랑, 각종 인간관계, 인생에 대한 대화를 천천히 이어갔다. 도착 시간에 가까워졌을 즈음 내가 그에게 말했다.

"저, 이런 질문해도 될지 모르겠지만… 제 첫인상이 어땠나요?"

워낙 쉽게 듣지 못하는 부분이기도 하고 우리가 허심탄회하게 대화를 나누었으므로 그가 내게 솔직하게 말해주리란 예감에 물어보았다. 그는 1초의 망설임도 없이 돌직구를 날렸다.

"아, 잘난 척하는 애송이 같았어요. 귀에는 이어폰을 꽂고 노트북을 딱 켜놓고 있어서 '아이고, 승무원한테 기내식 메뉴가 뭔지 물어보고 안에 들어간 재료까지 다 알려달라고 하는 거 아냐?' 하고 생각했죠."

우리는 웃음을 터뜨렸다. 그와 나는 확실히 유머 코드가 잘 맞았지만 나는 그의 이름을 묻지도, 명함을 달라고 하지도 않았다. 익명성으로 맺어진 위태로운 친밀함을 깨고 싶지 않았기 때문이다.

얼마 안 있어 비행기가 하강하기 시작하고 안전벨트를 매라는 안내 방송이 나오며 램프에 불이 들어왔다. 사람들이 창문 덮개를 올리자 진보랏빛 하늘에서 반짝이는 고층 건물들이 보였다. 흡사 도심 버전의 캠프파이어 같은 광경이었다. 타닥거리는 장작과 호수에서부터 불어오는 쌀쌀한 밤바람만 없을 뿐이었다.

갑자기 왜 그런 충동이 일었는지 모르겠지만 나는 그를 향해 몸을 돌리고는 말했다.

"있잖아요, 선생님, 우리 이제 다시 볼 일 없잖아요. 그런데 선생님과 전 좀 통한다는 생각이 들었거든요? 그러니까 혹시 저한테 하고 싶은 말이 있다면 그냥 하세요. 다시는 볼 일 없을 사람이니까요. 임시 친구로서 말씀드리지만 무슨 이야기이든 기꺼이 듣고 받아들일 테니까 걱정 마시고요. 되게 이상한 소리로 들리시죠? 근데 우리가 통하는 걸 느꼈기 때문에 그냥 툭 까놓고 말씀드리는 거예요."

그러자 그가 말했다.

"어… 우와… 흠… 세상에… 그, 아까 내가 결혼했다고 했잖아요? 그리고, 그게, 음, 그러니까… 잘 모르겠어요. 이게 맞는 건지. 그냥 확신이 없어요."

순간 내 머릿속에서는 '헐, 뭐야.' 하는 생각이 윙윙댔지만 나는 초인적인 노력을 기울여 표정 관리를 하며 대답했다.

"네. 그렇군요. 당연히 그럴 수 있죠. 계속 말씀해보세요."

그가 말을 이어갔다.

"뭐 이런 사람이 다 있나 싶을 건데, 그래도 누군가에게는 꼭 털어놓고 싶었어요. 진짜 재수 없게 들릴 건데, 근데 전… 저는 제가 아내보다 똑똑하다고 생각해요. 어떻게 이런 말을 입 밖에 낼 수 있나 싶겠죠. 근데 그게 그냥 서로 말이 안 통하는 것 같아요. 이 사람하고 못 살겠다는 생각이 들어요. 농담을 해도 못 알아듣고, 관심사도 다르고, 보고 싶은 영화도 달라요. 이게, 꽤 심각한 문제라고요! 근본적으로 우린 지적 교감을 못하고 있는 것 같아요."

순간 정적이 일었다.

"어렵네요."

내가 말했다. 그는 고개를 끄덕였다.

"그렇죠. 미안해요. 전, 음… 아무튼 고마워요."

그러고는 그가 다시 의자에 몸을 파묻는데 그에게서 엄청난 감정적 해방감이 뿜어져 나오는 게 느껴졌다. 마치 오랫동안 복부에 꽂혀서 출혈을 일으키던 녹슨 쇠막대기를 마침내 뽑아낸 속 시원한 느낌이라 할까. 가슴속 깊숙이 박혀서 영원히 빠질 줄 모르며 여기저기를 찔러대던 단어들을 쑥 뽑아서 수술대 옆 트레이에 던져 넣고 환한 불빛 아래에서 제대로 살펴볼 수 있게 된 것이다. 덕분에 그의 생각들은 한 계단 올라갈 수 있었다. 그리고 그는 갑자기 완전히 새로운 탐험지에 들어선 것처럼 보였다. 비행기가 활주로에 멈추자 우리는 작별 인사를 한 뒤 각자의 가방을 들고 비행기에서 걸어 나갔다. 나름 깊은 대화였고, 아름다운 순간이었으며, 만남은 그렇게 끝이라고 생각했다.

그런데 1년 뒤에 우연히 그를 다시 마주쳤다. 앞서 말했지만 나는 항상 동일한 노선을 왕복했다. 어느 날 보스턴에 도착해 비행기에서 내리는데 내가 내린 비행기를 타러 걸어오는 그를 발견한 것이다. 이번에는 비행기를 같이 타는 상황이 아니었지만 어쨌든 나는 그를 정면으로 마주 보며 걷고 있었다. 그는 나를 똑바로 쳐다보았고, 나도 그를 보고 있었다. 그와 나의 간격이 불과 몇 미터로 좁혀졌을 때 그의 눈이 휘둥그레졌다. 유령이라도 본 듯 두려움이 가득한 눈빛이었다. 그 모습을 보자마자 그가 아내와 계속 함께하기로 결심했다는 사실을 알 수 있었다. 자신의 감정을 깊숙이 묻어두었건, 잘 정리해서 새롭고 긍정적인 관점을 갖게 되었건 말이다. 어쩌면 자신이 틀렸음을 깨달았을 수도 있다. 아니면 자녀들을 위한 결정일 수도 있다. 아니면 돈 때문일 수도 있고, 문제 자체가 생각보다 복잡했을 수도 있다. 이유가 뭐였든 간에 그의 눈빛은 이렇게 말하는 것만 같았다.

'아, 안 돼. 내 끔찍한 비밀을 털어놓은 사람을 여기서 만나다니. 나는 내 비밀스런 고민이 해소되고 사라지고 날아가버리길 바랐는데, 그 끔찍한 비밀이 이렇게 버젓이 살아서 현실에 존재하잖아.'

그와 나 사이의 고해의 거래 조건 중 하나는 우리가 다시는 서로를 볼 일이 없을 거라던 내 확언이었다. 그런데 지금 우리는 서로를 마주하고 있었다. 즉, 조건 위반이었다. 그의 겁에 질린 눈, 굳게 다문 입술, 뻣뻣한 몸짓을 보며 나는 서둘러 그를 지나쳐서 최대한 빠르게 사라져주었다. 이후로 다시는 그를 볼 수 없었다.

내가 이 이야기를 꺼낸 이유가 뭘까? 이 이야기가 당신에게, 나에게, 그리고 우리에게 의미하는 바는 무엇일까?

우리는 모두 현대판 고해가 필요하다. 이 혼란스럽고 복잡하고 정신없는 세상에서 살아가려면 생각을 명확하게 정리하고 구체화한 뒤 그대로 꺼내놓을 수 있는 장소가 필요하다. 우리는 너무 꽉 막혀 있고, 너무 꽁꽁 싸매고 있다. 아픔과 문젯거리가 속에서 토네이도처럼 휘몰아치다 보면, 이 아픔과 문젯거리가 우리가 단순히 거쳐가고 있는 과정이라기보다는 우리 자체인 것처럼 느껴지기 시작하면서 그 속에 갇혀버린다. 비탈진 빙판길을 오르는 것마냥 미끄러지길 반복하며 그 자리에 고립되는 것이다. 이는 스스로에 대한 고문이나 다름없다.

하지만 탈출구는 있고, 멋진 삶을 되찾을 수 있는 길 또한 분명히 존재한다.

현대 사회에서
급속히 퍼지고 있는 종교

신체적 해소를 묘사하는 단어나 표현은 많다. 오르가슴, 헌혈, 땀 빼기, 요란한 재채기. 하지만 정신적 해소를 표현하는 말은 많지 않다. 있다고 하더라도 그것들이 어떻게 나오는지를 묘사하지 무엇이 나오는지를 묘사하는 단어는 드물다. 다시 말해, 공황 발작, 조증, 분노 조절 장애 등과 같이 증상이 '어떻게' 발현되는가에 대해 표현한 용어만 존재한다. 타는 듯이 더운 여름날에 콜라 캔을 흔들어서 하늘 높이 내던지는 장면을 상상해보자. 캔이 뜨겁게 달구어진 도로에 떨어지면 어떻게 될까? 그런데 이 캔의 모습은 우리의 정신적 해소가 발현되는 모습과 비슷하다. 우리 내면의 캔이 과포화 상태가 되어 거품을 내뿜는 것이다.

혹시 종교가 있는가? 없다고 하더라도 상관은 없다. 당신이 어떤 모습이든 나는 당신을 존중한다. 내가 이 질문을 한 이유는, 당신이 불교 신자이거나 기독교도이거나 몰몬교도이거나 이슬람교도라면 종교에서 고해가 어떤 역할을 하는지 알고 있을 것이기 때문이다.

고해는 또 다른 형태의 정신적 해소다. 특정 종교에서 고해 성사가 어떻게 이루어지는지 잘 모른다 하더라도 고해가 종교에서 전반적으로 어떤 역할을 하는지는 알 것이다. 어째서 고해는 종교의 큰 부분을 차지할까? 가톨릭교에 의하면, 고해 성사는 신의 은혜를 입게 해줄 뿐만 아니라 영혼의 치유까지 제공한다고 한다. 이외에도 다양한 종교에서 속마음을 털어놓는 게 아주 유익한 행위라고 강조한다.

고해는 거품을 물고 사방으로 폭발하는 콜라 캔처럼 분노를 터트리지 않고 생각을 정리할 수 있게 도와준다. 그런데 많은 사람들이 이토록 훌륭한 정신적 해소의 수단인 고해를 제대로 활용하지 못하고 있다.

<내셔널 지오그래픽>에 의하면, 세상에서 가장 빠르게 성장하고 있는 종교는 '무교'라고 한다. 종교가 없는 사람들의 수는 예상보다 빠르게 늘고 있다. 프랑스, 네덜란드, 뉴질랜드는 조만간 대부분의 인구가 무교가 될 것으로 추정하고 있으며, 영국과 호주에서도 기독교가 대세의 자리를 잃기 직전이다.

왜 이런 일이 벌어지고 있는 걸까? 미국의 심리학 저널 <심리학 투데이>는 '미국 청소년의 종교적 성향에 따른 세대 및 시대적 차이(1966~2014)'라는 연구를 발표했다. 이 연구는 오늘날 밀레니얼 세대가 60년 만에 가장 종교적이지 않다는 결론을 내고 있다. 이들이 속한 세상이 하루가 다르게 급변하고, 지역 사회의 교회나 사원에 대한 공감도가 낮아서일까? 아니면 가족 단위가 작아지면서 부모가 자녀들에게 본을 보이거나 가치를 전달할 기회가 적기 때문일까? 수명이 늘어나면서 심각한 질병을 앓거나 가족의 사망을 겪는 일이 줄어들고 종교적 위로를 받을 필요가 없기 때문일까? 무교가 확대되는 데에는 다양한 이유가 있을 것이다. 아무튼 무교 현상이 확산된다는 것은 종교적 고해 성사실을 찾는 사람들 역시 줄어들고 있다는 의미이기도 하다.

무교 확산 현상에는 또 다른 문제가 숨어 있다. 교회가 위축되면 전체적인 지역 사회 역시 위축된다. 미국에서는 1인 가구 수가 자그마치 40%나 증가했다. 외로움 지수 역시 지난 30년간 두 배로 치솟았다. 미 공중 보건국은 흡연과 비만 문제가 전염병처럼 심각해질 것이라고 경고한다. 하지만 <하버드 비즈니스 리뷰>의 한 기사에서 전(前) 공중 보건국장 비벡 머시는 외로움이야말로 새롭게 급부상하는 지독한 전염병이라고 말한다. 사람들은 더 이상 친구들과 허심탄회한 대화를 하지 않는다. 게다가 여러 통계들이 보여주듯 오늘날 개개인의 친한 친구 수도 25년 전에 비해 현저히 줄어들었다.

그렇다면 세속주의가 팽배하고 외로움이 급증하는 시대를 살아가는 우리들은 어디에서 정신적 해소를 할 수 있을까?

고백의 힘

우리는 다양한 경로로 다른 사람들에게 의지하고 있다. 포럼에서 자기 이야기를 공유하거나, 블로그 댓글에 답변하거나, 심지어 낯선 사람에게 익명으로 고해하는 엽서를 보내기도 한다. 믿기 힘들겠지만 진짜다.

프랭크 워런은 2005년에 '포스트시크릿'이라는 바이럴 아트 프로젝트를 시작하면서 '미국에서 가장 신뢰받는 타인'이라는 별명을 얻었다. 그는 사람들의 고해 성사가 담긴 엽서를 익명으로 받아서 매주 일요일마다 포스트시크릿닷컴에 게시했다. 프랭크 워런은 지금까지 수백만 장의 엽서를 받았고, 덕분에 세상에서 가장 큰 광고 없는 블로그를 만들 수 있었다. 포스트시크릿은 일련의 베스트셀러로 편찬되었다. 그리고 뉴욕 현대 미술관과 스미스소니언 박물관, 대만 국립 미술관을 포함한 다양한 장소에 설치 미술 작품으로 전시되기도 했다. 즉, 전 세계인들의 고백과 비밀을 모아 대중에게 공개한 것이다. 이들은 모두 현대판 고해의 산물이라 할 수 있다.

포스트시크릿은 우리가 속마음을 꽁꽁 싸매고 있다는 놀랍고도 가슴 아픈 사실을 고스란히 보여준다. 그리고 치유받고자 한다면 드러내야 한다는 깨달음을 준다.

하루 2분
모닝 루틴

드러내야 낫는다. 드러내어 치유하는 것은 머릿속 한구석에 떠다니는 온갖 불안을 구체화하고 끄집어낼 때 발생하는 정신적 해소다.

나는 이혼 후 심리 치료를 받았다. 처음으로 상담이란 걸 받아보았던 터라 두려움이 앞섰다. 그런데 웬걸 상담 시간마다 신나서 말 그대로 방방 뛰어다녔다. 나는 상담 시간만 되면 생각들을 모조리 쏟아냈다. 말이 되든 안 되든 불안한 생각, 괴상한 생각, 황당한 생각 등을 무조건 다 뱉어내고 보았다. 생각을 구체화하고 분출하는 과정은 정말 황홀했다. 치유를 위한 드러냄의 효과는 엄청났다. 이 과정을 통해 나의 감정을 구분하고 정의하고 확인할 수 있었으며, 궁극적으로는 앞으로 나아갈 수 있었다.

정신적 해소는 내가 경험한 그 어떤 물리적 해소 못지않게 강력했다. 그 결과 계획적인 정신적 해소, 즉 짜릿한 생각의 배설이 중요한 일과가 되었고, 나는 이를 규칙적인 습관으로 삼게 되었다.

전문가를 만나 속마음을 털어놓거나 생각을 정리하는 데 도움을 얻기 위해 의식적이고 능동적인 행동을 하는 사람은 많지 않다. 하지만 심리 치료의 효과는 어마어마하다. 단지 접근성이 부족할 뿐이다. 공공 심리 상담 센터는 대기 줄이 길고 주변에서 찾아보기 어려울 가능성이 크다. 또 사설 센터는 비용이 많이 든다(상담을 통해 아무리 얻는 게 많더라도 비싼 건 비싼 거니까). 사회적 낙인도 무시하지 못한다. 사회적 낙인은 문화나 지역 등 여러 요소에 따라 다르다는 것에는 동의한다. 다만 나는 심리 치료를 받는다고 하면 '이 사람 뭐가 문제지?' 하고 궁금해하는 표정을 짓는 사람들을 종종 만났다. 사람들은 멋있는 트레이너나 요가 강사에 대해서는 주변에 알리고 자랑하면서도, 정작 어렸을 때부터 무의식적으로 담아 온 갖은 죄책감을 해소할 수 있게 도와주는 심리 치료사에 대해서는 함구한다.

그렇다면 전문적인 심리 치료보다 더 쉽게 접근할 수 있는 것은 무엇일까? 어떻게 하면 우리의 불안한 생각을 구체화하고 배출할 수 있을까? 답은 현대판 고해다. 대체 현대판 고해는 어떻게 하는 걸까?

비행기에서 만난 남자의 고해 사건 이후 나는 이 문제를 놓고 오랫동안 고민을 거듭했다. 그는 자신의 결혼 생활에 대해 내게 털어놓은 후 엄청난 해방감을 느꼈다가 그 비밀이 어둠 속으로 사라지지 않았다는 사실에 극도의 공포심을 느꼈다. 나는 이로부터 우리는 고해를 통한 해방감을 간절히 원한다는 통찰력을 얻었다. 그러면서 동시에 안전하게 고해하기를 간절히 원했다. 앞서 소개한 포스트시크릿 또한 익명이다. 반송 주소도 이름도 적지 않는다. 포스트시크릿은 안전하게 드러내어 치유하는 매우 효과적인 방법인 것이다.

신경 과학자 스테파니 브라센의 연구 팀은 <사이언스>지에 드러냄이 가진 치유 효과를 뒷받침하는 흥미로운 연구를 실었다. '지난 일로 화내지 마세요(영국의 록 밴드 오아시스의 히트곡 'Don't look back in anger'를 인용한 것 - 옮긴이)'라는 제목의 이 연구는, 나이가 들어감에 따라 생기는 후회를 최소화하면 만족감과 행복감이 커진다는 결과를 보여준다. 반대로 후회를 붙들고 있으면 향후 공격적이고 위험한 행동을 할 확률이 높아진다고 한다. 연구에 따르면, 건강하고 행복한 사람들은 후회가 생길 때마다 이를 인식하고 내려놓는 선택을 한다.

방법이 궁금한가? 지금부터 후회를 내려놓는 데 도움이 되는 2분 만에 완성되는 모닝 루틴을 소개하려 한다. 나는 아침마다 메모장이나 일기장에 다음과 같은 세 가지 메시지를 적는다.

나는 ~를 내려놓을 것이다
나는 ~가 감사하다
나는 ~에 집중할 것이다

내 목표는 하루도 빠짐없이 이 메시지들을 완성하는 것이다. 최근에는 다음과 같은 메시지를 적었다.

나는 티모시 페리스와 나를 비교하는 생각을 내려놓을 것이다.
나는 집 앞에서 젖은 나뭇잎 향기를 맡을 수 있어 감사하다.
나는 내 책의 새 챕터 편집에 집중할 것이다.

이 내용을 적는 데 드는 시간은 불과 2분밖에 안 되지만, 이것이 내 인생에 미치는 영향은 즉각적이고도 거대하다. 간단한 문장들을 적어보면서 '그날 아침을 이기고' 여세를 몰아 '그날 하루를 이기는' 힘을 얻을 수 있다.

우리는 하루에 약 1천 분 동안 깨어 있다. 이 중 단 2분을 들이는 것으로 나머지 998분을 최상의 컨디션으로 끌어올릴 수 있다면 투자 가치가 충분하지 않은가. 이 활동은 당신의 하루를 한껏 들어 올려줄 강력한 지렛대와 다름없다.

나는 종이 한 장에 사소한 불안들을 써 내려가는 행위만으로도 엄청난 치유를 경험했다. 미친 소리처럼 들리겠지만, 사소한 걱정거리들은 글로 옮겨지는 순간 사라진다(믿어주길…). '복부 지방이 2킬로그램이 넘는다, 애가 내년에 어느 학교에 갈지 걱정이다, 어제 중요한 메일을 보내면서 말실수를 한 것 같다' 등과 같은 내용을 적고 나서 몇 주 뒤에 다시 들추어보면 이런 생각이 든다.

"흠, 내가 말실수를 한 것 같아 신경 쓰였던 메일이 어떤 거였지?"

즉, 무엇 때문에 걱정이 생겼는지 기억조차 나지 않을 때가 많다.

그렇다면 심각한 불안감은 어떻게 하면 좋을까? 일단 큰일이 생겼다고 치자. 어머니가 아프다. 그것도 위중하게. 남은 날이 얼마 되지 않을 것 같다. 이런 상황에서도 하루 2분 모닝 루틴 도움이 될까? 내 대답은 '그렇다'이다. 그럼에도 도움이 된다. 왜냐하면 말하고 정리하고 감정을 드러내면서 내면의 중압감을 점검하고 인정할 수 있기 때문이다. 게다가 두 번째 문장 '나는 ~가 감사하다'를 통해 심각하고 부정적인 상황에서도 긍정적인 부분을 아주 조금이라도 찾아낼 수 있다. 아무리 사소한 것이라도 말이다.

"어렸을 적 엄마가 읽어주시던 책을 읽어드릴 수 있어서 감사하다."

"간호사 선생님이 커피를 가져다주어서 감사하다."

이 간단한 활동이 일순간 우리의 숨통을 터주고 미래에만 집중되어 있던 사고를 현재에 맞추어준다. 하루 2분 모닝 루틴은 정신적 해소의 역할을 하므로 기분이 좋아지는 건 물론이고 더 많은 일을 해내는 데 도움이 된다. 드러내어 치유하는 과정은 뇌의 환경을 환기시켜주며 더 나은 사람이 될 수 있게 해준다.

소냐 류보머스키, 로라 킹, 에드 데이너의 유명한 연구인 '긍정적인 영향을 자주 받을 때 얻는 유익: 행복은 성공으로 이어지는가?'에서 알 수 있듯이, 긍정적인 마음가짐으로 하루를 시작하는 사람은 또래 집단의 다른 사람들에 비해 생산성은 31%, 매출은 37%, 창의력은 세 배가량 더 높다. 잠깐의 시간을 들여 신경 쓰이는 것들을 내려놓고 감사하는 마음을 갖고 그날 하루 동안 집중할 거리를 정하는 것만으로 커다란 차이를 만들어낼 수 있다는 것이다.

"나는 내 팔에 있는 점에 난 털에 집착하는 일을 내려놓을 것이다."

"나는 스피닝 수업을 시작한 지 5분 만에 숨이 차서 나가 떨어진 것에 대한 부끄러움을 내려놓을 것이다."

"나는 어제 세 살짜리 아들에게 신발을 신으라고 소리친 것 때문에 아이가 평생의 상처를 입진 않았을까 하는 걱정을 내려놓을 것이다."

드러내었는가? 그렇다면 치유되었을 것이다.

그러면 감사는 왜 하는 걸까? 게다가 그 내용을 굳이 적어야 하는 이유는 뭘까? 로버트 에몬스와 마이클 맥컬러프의 연구에 의하면, 일주일에 감사한 것 다섯 가지만 적어도 감정적으로 훨씬 행복해지며 심지어 신체적으로도 더 건강해지는 효과가 10주 이상 지속된다고 한다. 이때 내용은 구체적일수록 좋다. '가족, 음식, 직장' 같은 모호한 단어를 아무리 반복해서 적어보았자 행복의 스파크를 튀길 수 없다. 이 정도로는 우리의 정신이 구체적인 경험을 되살리게 할 수 없다. 대신 이렇게 해보자.

"나는 우리 강아지 트루퍼가 '손!'을 배워서 감사하다."

"나는 기차역에서 풍기는 시나몬 롤 냄새가 감사하다."

"나는 로드리게즈가 볼일을 보고 변기 시트를 내려놓아서 감사하다."

이제 감이 좀 잡히는가? 걱정거리 하나를 끄집어낸 다음 감사한 것을 찾는 과정은 마치 신경망에 정빙기를 돌리면서 모든 생각에 차가운 물을 뿌리고 표면을 고르게 하는 것과 같다.

마지막으로 집중에 대해 설명한다. '나는 ~에 집중할 것이다'는 우리를 어떻게 도와줄 수 있을까? 일단 드러내어 치유했고, 머릿속 아이스 링크를 깔끔하게 정돈했다면, 수많은 행동의 선택지를 걸러내고 실제로 할 일에 집중할 차례다.

왜 그래야 할까? 이렇게 하지 않으면 하루 종일 '할 수도 있었을 일'이 자꾸만 떠오르기 때문이다. 그러면 의사 결정 피로도만 높아질 뿐이다. 선택을 내릴 때 뇌에서 특히 복잡한 부분이 사용되는데, 결정을 내리지 못하고 목적이 불분명한 상태에서는 에너지 낭비만 계속된다. 플로리다 주립 대학교의 심리학 교수 로이 바우마이스터와 <뉴욕 타임스>의 기자 존 티어니는 공저서《의지력의 재발견》에서 이렇게 서술했다.

"의사 결정 피로는 평범하고 상식적인 사람들이 직장 동료와 가족에게 화를 내고, 옷을 사는 데 돈을 물 쓰듯 하고, 슈퍼마켓에서 불량 식품을 구입하고, 새 차에 녹 방지 처리를 하라는 딜러의 제안을 뿌리치지 못하는 이유를 설명해준다. 아무리 이성적이고 고상한 태도를 지키려고 해보아도 생물학적 대가를 치르지 않고는 결정을 연달아 내릴 수 없다. 이는 일반적인 신체 피로와는 다르다. 대부분의 사람들은 정신적 에너지가 부족하더라도 피곤하다는 사실을 의식적으로 인지하지 못하기 때문이다."

개인적으로는 아침 일찍 스트레스를 풀면 하루 종일 걱정을 곱씹는 생각을 피하는 데 큰 도움이 된다. 감사한 것 몇 가지를 끼적이는 것으로 하루를 좀 더 긍정적으로 보내보자. 그날의 중요한 목표에 집중하는 태도는 실제로 일을 성사시키는 데 큰 역할을 한다.

다시 정상 궤도에 진입하고 싶다면 매끄러운 빙판 같은 깨끗한 정신 상태를 유지해야 한다. 이를 위해 드러내고 치유하자.

Chapter 07

작은 연못을
찾을 것

Awesome!

맡은 일을 제대로 망쳐본 적 있는 사람, 손? 아마 모두가 마음속으로 손을 들었으리라. 누구나 일을 하다가 말 그대로 죽을 쑨 적이 분명히 있을 것이다. 어떨 때는 하겠다고 나서 놓고 시작조차 하지 않는다. 아니면 호기롭게 시작했다가 중간에 그만두어버린다. 또 아니면 뭐라도 하긴 했지만 말도 안 되는 결과를 내기도 한다.

새로 이사 간 동네 이웃들이 죄다 엄청난 부자에 고급 외제차만 끌고 다닐 수도 있다. 혹은 새로 입사한 회사 사람들이 사용하는 전문 용어를 도통 알아듣지 못할 수도 있다. 결혼하고 자녀까지 두었지만 여전히 배우자에 대한 확신이 없을 수도 있다. 살면서 맞닥뜨리는 새로운 상황이 늘 좋을 수는 없다. 매우 불편하기도 하고, 더러는 안 좋은 끝을 맺기도 한다. 이럴 때면 비상 탈출 버튼을 누르고 지구 밖으로 도망가버리고 싶은 심정이 된다.

나는 하버드 대학교 재학 시절에 그런 생각을 정말 많이 했다. 정말 대단한 학교였고 교수진도 훌륭했으며 친구들도 하나같이 모두 좋았지만, 명색이 하버드대 졸업생인데 그들이 지향하는 진로에 전혀 공감이 가지 않았다.

'내가 왜 이미 부유한 기업의 배를 더 불려주겠다고 창문도 없는 중역 회의실에 앉아서 1만 명을 해고하는 법을 알려주어야 해? 내가 왜 나와 관계없는 억만장자 CEO들의 자존심을 세워주겠다고 기업 합병을 도와야 해? 내가 왜 방향제 파는 데 급급한 마케팅 팀의 노예가 되어야 해?'

도무지 이해할 수 없는 것투성이였다. 하지만 한 가지는 확실했다. 돈은 아주 많이 벌 수 있었다. 이 세계가 기어와 크랭크로 이루어져 있다고 한다면 이걸 돌리는 게 바로 내 업무였기 때문이다. 나는 학교가 나에게 손짓하는 라이프 스타일을 원하면서도 동시에 이런 삶을 완전히 수용하지 못하는 딜레마에 빠져 있었다.

내가 더 강해지려고 노력할 때마다 되새기는 이야기가 하나 있다. 바로 하버드 대학교의 존 맥아더 학과장이 들려준 이야기다. 이는 나에게 커다란 울림을 주었고, 내가 받은 감동을 더 많은 사람들과 나누고 싶은 마음에 소개하려 한다.

하버드 경영대 학과장이 들려준
인생 조언

내가 하버드 경영 대학원에 합격했을 때 학교에서 재정 지원 여부를 평가하기 위해 최근 3년간의 소득 신고서를 보여달라고 요청했다. 서류 작업을 마치고 보니 내 수익은 3년 내내 5만 달러가 채 되지 않았다. 우선 3년 전에는 아직 대학생이었으니 소득이 0이었다. 그다음에는 식당을 운영하긴 했지만 인건비조차 남지 않는 장사였으므로 또 소득이 0이었다. 이 두 동그라미 사이에 프록터 앤드 갬블에서 받은 연봉 5만1천 달러와 보너스가 있었다. 엄밀히 말해, 그곳에서 1년을 채우지 못했으니 연봉의 일부였지만.

이 숫자들이 적힌 서류를 하버드에 보낼 때만 해도 부끄러움이 컸지만 막상 두어 달 뒤에 다음의 편지를 받고 나서는 마냥 기쁘기만 했다.

"축하합니다! 당신의 재정 상태가 나쁘니 하버드 등록이 가능하도록 저희가 비용을 대겠습니다!"

갑자기 7만 달러의 학자금 대출을 받지 않아도 된다는 사실을 알게 되자 흡사 로토를 맞은 기분이었다. 하지만 이전에도 카리브해 크루즈 여행을 무료로 보내준다는 전화를 여러 번 받아보았기 때문에 그 편지가 진짜인지 다시 한번 정독하지 않을 수 없었다. 다행히 편지는 진짜였다. 알고 보니 나를 포함한 캐나다 학생들 중 존 맥아더 장학금을 받는 수혜자가 많았던 것이다.

존 맥아더는 1980년부터 1995년까지 하버드 경영 대학원의 학과장을 지냈다. 캐나다인인 그는 금수저와는 거리가 먼 캐나다인 합격생들에게 학비를 지원하기 위해 장학 재단을 설립했다. 나는 만나본 적도 없는 이 나이 지긋한 남자를 향해 가슴이 터질 것 같은 애정을 느꼈다. 그래서 하버드에 들어가고 나서 하루 날을 잡고 밤을 새며 내 인생사와 실패, 지금까지 있었던 일, 앞으로 하고 싶은 일을 빠짐없이 적은 다섯 장짜리 감사 편지를 완성했다. 과연 그가 생판 모르는 사람으로부터 길고 긴 편지를 받고 싶어 할까 하는 고민도 없이, 나는 편지 봉투에 행운의 입맞춤을 찍고 하버드 대학교 광장에 우뚝 서 있는 우체통에 넣었다.

몇 주가 흐르고 맥아더 학과장의 사무실에서 나를 그 '키다리 아저씨'와의 점심 식사에 초대한다는 전화가 걸려왔다. 대답하는 내 목소리가 어찌나 덜덜 떨렸던지 수화기 너머 비서가 나를 진정시키듯 말했다.

"걱정 마세요. 그냥 만나보고 싶으신 거예요."

그러고 나서 목소리를 낮추더니 이렇게 말했다.

"다섯 장짜리 감사 편지를 받는 일이 흔하지는 않거든요."

나는 그로부터 몇 주 뒤 공강 시간에 존 맥아더 학과장의 사무실에 찾아갔다. 그의 사무실은 캠퍼스 한구석에 담쟁이로 뒤덮인 건물 안, 커다란 상수리나무들 뒤에 있었다. 안내를 받아 사무실에 들어가자 그가 의자에 앉은 채로 한 바퀴 빙글 돌아 나를 맞았다. 그러더니 미소를 짓고는 자리에서 일어나 악수를 청했다.

"닐, 앉게."

그가 사무실 중앙에 있는 동그란 테이블을 향해 손짓했다. 테이블에는 샌드위치 박스가 두 개 놓여 있었다.

"참치를 좋아했으면 좋겠군."

나는 의자가 하도 많아서 어디에 앉을까 고민하다가 마침내 바로 뒤에 있는 의자에 앉기로 결정했고, 그는 그런 나를 참을성 있게 기다려주었다. 그는 캐주얼한 카디건 차림에 두꺼운 안경을 쓰고 있었다. 미소가 어찌나 따뜻한지 아주 오랜 친구, 그것도 겸손하고 품위 있고 소탈한 친구를 만난 것 같았다. 그러다 그의 뒤에 있는 벽에 말도 안 되게 유명한 그림이 걸려 있는 것을 발견하고 깜짝 놀라고 말았다.

'저거 피카소 아냐?'

그는 내 시선을 눈치채고 이렇게 말했다.

"아, 저 그림. 외국의 어떤 정상이 선물로 준 걸세. 학과장 사택에 걸기는 좀, 그 문제가…."

그가 말꼬리를 흐리는 동안 나는 다시 그림을 들여다보았고 그제야 그림 속 황소가 뽐내고 있는 거대한 파란색 성기가 눈에 들어왔다. 나는 그만 피식 웃음을 터뜨리고 말았다. 덕분에 분위기가 좀 더 부드러워졌고 우리는 대화를 시작했다.

"그래서 학교에 다녀보니 어떤가?"

그가 물었다.

"아, 아시잖아요. 스트레스받죠. 몇 주 전에 개강했는데 케이스 읽고 준비하느라 매일 밤 열두 시가 넘도록 잠을 못 자요. 기업들은 벌써부터 캠퍼스 방문을 시작했고요. 다들 일하고 싶어 하는 회사가 다섯 군데로 몰리다 보니까 눈밑에 다크서클이 내려앉은 백만장자 컨설턴트들이며 은행가들과 함께 주야장천 맥주만 들이켜는 중이에요. 우리도 그들처럼 백만장자 컨설턴트나 은행가가 될 수 있다면 다크서클쯤은 상관없다는 생각을 하면서요."

그가 눈썹을 치켜올리며 웃었다. 그러고는 잠시 정적이 흘렀다. 다음에 그가 들려준 이야기는 내 인생을 통째로 뒤바꾸었고, 지금 와서 생각해보면 그가 자비롭게 베풀어준 모든 학비보다 훨씬 더 큰 가치가 있었다.

"닐, 지금 자네는 애타는 마음으로 해변 바깥에 서 있는 중이라네. 울타리 밖에 서서 안을 들여다보는 중이지. 해변은 아직 닫혀 있지만 곧 개장할 거야. 모래가 보이고, 바다 내음이 풍기고, 수영복을 입고 일광욕을 하는 미인들이 대여섯 보여. 그런데 그 울타리 밖 자네 옆에 누가 있는지 아는가? 자네와 똑같이 열의 넘치는 사람들 1천 명이 있어. 다들 애가 타서 울타리를 꽉 붙잡고 있어. 모두가 그 해변에 가고 싶어 하지. 울타리 문이 열리기만 하면 뜨거운 모래 위를 달려 몇 안 되는 미인들을 서로 유혹하려고 하겠지. 안타깝게도 자네가 그들을 이길 수 있는 확률은 너무나도 낮아."

나는 고개를 끄덕였다. 퀸즈에서 캠퍼스 채용을 겪어본 적이 있었기 때문이다. 정말 힘든 시간이었다. 수백 시간 동안 회사를 알아보고, 이력서를 다듬고, 자기소개서를 쓰고,

온라인 지원서를 제출하고, 모의 면접을 보고, 면접에 입을 옷을 사고, 면접관들을 만나기 전에 미리 일일이 검색해보고, 감사 인사를 써 보낸 다음에는 몇 주에서 몇 달 동안 엄청난 스트레스를 받으며 하염없이 답변을 기다렸다.

"그러니 해변을 떠나게."

그가 말했다.

"그 1천 명끼리 달려들어서 서로 싸우게 내버려둬. 자기들끼리 물어뜯고 할퀴게 두란 말이야. 그들 중 몇 명이 얼마 안 되는 미인들을 쟁취하게 하란 말이네. 그런데 있잖아, 미인을 얻지 못해도 해변을 떠나는 편이 훨씬 나아. 왜냐하면 설령 이긴다고 해도 해변에서 남은 시간을 뭘 하면서 보내게 될지 아는가? 아마 자꾸만 고개를 돌려 어깨 너머를 보게 될 거야. 언제 누구에게 자리를 뺏기고 짐을 싸서 자리를 비워 줘야 할지 모르니까. 애초에 이기지 못할 수도 있지만 설사 이긴다 하더라도 보상으로 스트레스로 가득한 인생을 받게 될 걸세."

나는 학교생활을 하는 내내 끊임없는 불안감에 시달렸다. 학점 때문에 수업이 걱정이었고, 취업 때문에 학점이 걱정이었으며, 돈 때문에 취업이 걱정이었다. 맥아더 학과장은 이런 속내를 어찌 알고 불안감을 떨쳐내는 노하우를 알려주고 있었다.

"하지만 제가 취업을 못하면 빈털터리가 될 텐데요. 돈 없어서 학과장님 장학금까지 받은 몸이잖아요. 전 금전적인 문제부터 해결하고 싶어요."

그가 사람 좋은 미소를 지었다.

"자넨 괜찮을 거야. 간단한 경제 원리지. 세상에는 문제가 아주 많아. 문제를 해결할 수 있는 재능 있고 성실한 사람들보다도 훨씬 많지. 세상은 문제를 해결할 재능과 노력을 필요로 하기 때문에 유능하고 성실한 사람들에게는 기회가 끊이질 않을 거야."

순간 영혼 깊은 곳에서 따끔거렸던 새빨간 화상 자국에 연고가 발라지는 듯한 안도감이 밀려왔다. 그의 말은 뭔가 달랐다. 나는 조심스럽게 물었다.

"그러면 해변을 떠나 어디로 가면 되나요?"

"자네가 줄 수 있는 건 뭔가? 자네는 젊어. 그런데 경험은 적지. 하지만 배우고 있어. 열정도 있고. 자네는 사람들에게 에너지와 아이디어를 주고 있잖아. 그게 필요한 사람이 누구겠는가? 전용기를 타고 여기까지 오는 잘나가는 회사들은 아닐 거야. 대신 망한 회사들이지. 파산한 회사들 말이야. 돈을 잃고 있는 회사들, 고군분투하고 있는 회사들. 이런 회사들은 자네가 매우 절실히 필요해. 그들은 하버드 채용 시즌에 사람들을 보내는 일 따위 엄두도 못 내지. 하지만 자네가 만약 그들의 문을 두드리고 거기로 들어간다면 그들은 자네의 아이디어를 믿고 중요한 직책을 맡길 거야. 그러면 자네는 많은 것을 배울 거고 그들은 자네를 진지하게 받아들일 거야. 자네는 메모를 끼적이는 대신 주요 미팅에 직접 참가하게 될 거야. 더 빨리 배우고, 더 빨리 경험을 쌓을 거야. 그러면서 도움이 필요한 곳에 실질적인 도움이 되는 변화를 가져다줄 걸세."

내가 그의 말을 소화시키는 동안 방 안에 기나긴 정적만이 흘렀다.

자, 상황을 한번 정리해보자. 하버드 경영 대학원에는 캠퍼스 채용을 계획하고 학생들을 안내하는 일에 전념하는 사람들이 있었다. 가히 군대라 부를 수 있을 만한 거대한 부서로, 진로 비전 워크숍, 채용 공고 게시판, 설명회, 맥주 파티, 회식 등을 지원해주었다. 캠퍼스 내에서는 1차부터 3차까지의 채용 면접이 이루어졌다. 그런데 눈앞의 학과장은 이 모든 걸 깡그리 무시하라고 말하는 중이었다. 대신 파산하고 망한 회사를 찾아보라고 했다.

맥아더 학과장과의 점심 식사 이후 나는 하버드를 통해 진행되는 채용 공고는 쳐다보지도 않았다. 설명회 한번 찾아가지 않았고, 단 한 군데에도 지원하지 않았으며, 그 어떤 면접도 보지 않았다. 대신 집에 돌아가 엑셀 스프레드시트를 만들었다. 그리고 사정이 좋지 않거나 망해가는 회사를 생각나는 대로 모두 적었다. 흥미로운 사업을 운영하고 있었지만 힘든 시기를 맞은 회사, 대규모 기름 유출 사태를 일으킨 회사, 주가가 폭락한 회사, 대대적인 구조 조정을 단행한 회사, 치명적인 이미지 타격을 입은 회사, 평판이 형편없는 회사를 쭉 적어 내려갔다. 그렇게 1백 개 정도 되는 회사 리스트가 꾸려졌다.

나는 리더십을 공부하는 학생인데 인사부 책임자에게 몇 가지 질문을 하고 싶다는 내용으로 30초짜리 콜드 콜(사전 약속 없이 미지의 고객에게 영업을 하는 전화 접촉 - 옮긴이) 대본을 썼다. 그리고 1백 개의 회사 전체에 전화를 돌렸다. 그들 중 내 요청을 받아들인 절반가량에게 감사의 말을 전하고 몇 가지 기사를 공유한 뒤 만나서 커피나 점심 식사를 함께하자고 제안했다. 열 곳 정도가 나의 제안을 받아들였다. 그들과 열 번 남짓한 대화를 나누고 나서는 감사 편지와 함께 하계 인턴십 자리를 줄 수 있는지 물어보았다. 일자리를 제안한 회사는 총 다섯 군데였다. 다섯 곳 모두 '해변'과는 동떨어진 회사였다.

나는 이 중 월마트에서 일을 시작했다. 1천 명의 직원 가운데 석사 학위를 가진 사람은 나뿐이었다. 맥아더 학과장의 조언이 빛을 발한 순간이었다. 나는 작은 연못의 대어가 되어 있었다. 하버드대 동기생들은 모두 제 갈 길을 간 지 오래였다. 그들이 유리로 둘러싸인 빌딩에서 엑셀 스프레드시트를 처리하는 동안, 나는 교외의 야트막한 건물에서 낡은 상자 더미 옆 찢어진 의자에 앉아 일했다.

그럼에도 나는 내 직장이 너무나 마음에 들었다. 할 일이 있었고, 해결해야 할 진짜 문제들이 있었기 때문이다. 월마트에서 최신 연구와 사례를 인용하는 것이 가능한 사람은 한 손에 꼽을 정도였고, 그중 하나가 나였다. 입사 직전까지 내가 하버드에서 하던 일이었으니까. 하지만 모르는 것도 아주 많았다. 나는 소매업에 대한 경험이 없었다. 월마트에서 일해 본 경험도 당연히 전무했다. 그럼에도 내가 가진 지식이 동료들이 가진 것과 달랐기에 돋보일 수 있었다. 다르다는 것보다 더 좋은 것은 없다는 걸 뼛속 깊이 깨달은 순간이었다.

나는 여름 내내 첫 번째 사내 리더십 콘퍼런스를 설계하고, 기획하고, 운영했다. 그리고 이것이 이른바 대박이 났다. 인턴십 마지막 날 인사부 부장이 정규직 계약서를 건넸다. 상단에는 최고 수준의 초봉이 적혀 있었다. 나는 해변에서 한참 벗어나 있었지만 하늘을 나는 듯한 기분이었다.

5백만 달러짜리 콘도가 지닌
심각한 문제

맥아더 학과장의 해변 이야기가 주는 교훈은 간단하다. 자신이 대어가 될 수 있는 작은 연못을 찾는 것이다. 하버드 경영 대학원 시절 나는 모든 영역에서 평균 이하였다. 학점이건 수업 참여도건 상관없이 측정이 가능한 영역이라면 무조건 중하위권에 머물러 있었다. 바꾸어 말해, 전 세계에서 모인 우등생들로 구성된 거대 연못의 하찮은 물고기였던 것이다. 하버드에서는 뭔가를 달성해도 전혀 기쁘지 않았다. 어차피 나는 뭘 해도 사다리 밑바닥에 있었기 때문이다.

가끔 고급 잡지에서 맨해튼의 새 콘도 매매가가 5백만 달러부터 시작한다는 광고가 보이면 이 역시 거대 연못의 작은 물고기가 아닌가 하는 생각이 들었다. 5백만 달러라는 거금을 들여도 건물 전체에서 가장 후진 콘도밖에 살 수 없으니 말이다. 전망도 안 좋고 위신도 안 서는 콘도를 5백만 달러에 사서 푸대접을 받고 싶어 하는 사람이 있을까? 5백만 달러 정도의 돈이면 다른 지역에서 펜트하우스를 사고도 남을 텐데.

월마트 일을 처음 시작했을 당시 나는 사내의 다른 사람들과 확연히 달랐다. 다르다는 것, 차별화되어 있다는 것보다 더 좋은 것은 없다. 게다가 내 학위가 다른 사람들의 화려한 학위에 가려지는 일도 없었다. 나는 월마트에서 말 그대로 VIP, 즉 중요한 존재였다. 그러다 보니 자연스럽게 자신감이 상승하기 시작했고, 내 안에서 '할 수 있다'는 생각이 끊임없이 샘솟았다.

처음부터 제일 큰 연못에서 헤엄치려고 애쓰지 말자. 일단은 제일 작은 연못에서부터 시작하자. 남들처럼 해변의 미남미녀들을 쫓아가지 말자. 대신에 유니크한 괴짜가 되어 다른 사람들이 가고 싶어 하지 않는 곳을 찾아보자. 그리고 그곳에서 시작해보자.

맥아더 학과장의 조언은 나에게 너무나 잘 맞았다. 덕분에 나는 삶의 다른 영역에서도 맥아더 학과장의 말을 활용해볼 수 있었다. 때로는 의식적으로, 때로는 무의식적으로. 어쨌든 그 방법은 어김없이 늘 통했다.

대가를 받고 기조연설을 하게 되었을 무렵 내가 소속된 에이전시는 초장부터 엄청나게 높은 금액대의 강의들을 제안했다.

"지금까지의 연구와 경험을 통해 배운 모든 것을 한 시간 안에 쏟아내시잖아요. 사람들이 초청하는 곳이라면 어디든, 비행기를 타고서라도 가서 1천 명의 청중을 앞에 둔 채 재미있고 교육적이고 동기 부여가 되는 이야기만 골라서 전달하시고요. 이게 얼마나 어려운 일인데요. 그러니 보수는 넉넉히 받으셔야죠."

내가 말했다.

"잘 모르겠어요. 너무 비싼 것 같아요. 또 누가 그 정도 강연료를 받나요?

에이전시는 여러 이름들을 댔다. <뉴욕 타임스> 베스트셀러 작가, 올림픽 금메달리스트, 스타급 교수 등등 한 번쯤 들어본 이름이었다.

"흠, 절반 금액에서는요?"

내가 물었다. 그들이 보여준 목록에는 내가 들어본 적이 없는 이름들이 꽤 많았다.

"거기서 또 절반은요?"

내가 다시 물었다.

"이보다 절반은 없어요. 이게 가장 낮은 금액대예요. 저희도 몇 달 동안 일하고 몇 시간씩 전화 회의를 해가면서 연설 위탁을 위한 실행 계획을 관리하는 건데요. 일정 금액에 못 미치면 그렇게까지 하는 의미가 없거든요."

나는 대답했다.

"그럼 여기서 가장 낮은 가격대에서 시작할게요."

에이전시는 탐탁지 않아 했지만 낮은 가격대의 강연을 잡아주었고, 나는 소규모 콘퍼런스와 행사에 섭외되었다. 1천 명 청중 규모의 라스베이거스 카지노 대신 지역 회사에서 50명의 청중을 앞에 두고 강연했다. 그럼에도 내 자신감은 쑥쑥 올라갔다. 그리고 이렇게 올라간 자신감은 내가 좀 더 큰 무대로 옮기고 나서도 떨어지지 않고 그대로 유지되었다.

오래전에 작은 연못 사고방식을 뒷받침하는 연구가 진행된 적이 있었다. 1984년 <성격 및 사회 심리학 저널>에 실린 허버트 마시와 존 파커의 연구는 매우 간단하면서도 날카로운 질문을 던진다.

"작은 연못에 사는 큰 물고기는 헤엄치는 법을 제대로 배우지 못할 텐데, 그래도 그게 더 나은 걸까?"

연구가 도출한 결과는 명확했다. 결과는 '그렇다'였다. 이후 전 세계에 걸쳐 비슷한 연구가 도미노처럼 이루어졌는데 결과는 모두 동일했다. 연령, 사회 경제적 배경, 국적, 문화적 성장 배경에 관계없이 작은 연못에서는 자기 자신에 대한 의견, 이른바 '학문적 자아 개념'이 상승한다. 무엇보다 중요한 것은 그 연못을 떠나도 상승된 개념이 그대로 유지된다는 점이다. 이것이 가능한 이유는 자신이 있는 집단에 소속되는 힘과 자신이 '이 집단보다 낫다'고 느끼는 대조적인 힘이 서로 균형을 이루기 때문이다. 우리의 뇌가 후자의 감정을 가질 경우 이 감정은 고스란히 유지되며, "나 이거 할 수 있어!" 혹은 "나 이거보다 더 잘할 수 있어!" 등의 사실을 깨닫게 된다.

이쯤에서 중요한 질문을 하나 던져보겠다. 아홉 살들 사이에서 다섯 살이 되고 싶은가, 아홉 살들 사이에서 아홉 살이 되고 싶은가, 아니면 다섯 살들 사이에서 아홉 살이 되고 싶은가?

작은 연못 사고방식에 관한 연구 중에 가장 인상적인 결과는, 다섯 살 아이들의 집단에 소속된 아홉 살 아동의 긍정적인 학문적 자아 개념이 해당 집단을 떠난 지 10년이 지나도 상승된 채로 유지되었다는 것이다. 즉, 스스로 대단한 인물이라고 생각되는 상황에 속했던 경험은 아주 오랫동안 유지된다. 연구에 의하면, 이러한 결과는 개인주의적인 문화든 집단주의적인 문화든 상관없이 전 세계에 걸쳐 광범위한 국가들에서 공통적으로 도출되었다.

자신이 뭐라도 되는 것 같은 상황에 놓이는 걸 절대 부끄러워하지 말자. 단, 이 말을 수준을 낮추라는 것으로 오해해서는 안 된다. 쉽게 말해, 마라톤을 뛸 때 초급자 부문부터 시작한다고 해서 문제될 게 전혀 없다는 이야기다. 간단하다. 프로 팀에 앞서 아마추어 팀부터 시작하는 것이고, 핀에 가장 가까운 티에서 티 샷을 치는 것이다. 이렇게 성공을 위해 스스로를 적절한 수준으로 설정해놓으면 자신에 대한 믿음이 커지고 하나씩 계단을 올라가게 될 것이다.

물론 여기에는 위험이 따른다. 자신이 인간관계를 좌지우지하거나 다른 사람들에게 영향력을 끼칠 정도로 대단한 인물이라는 착각에 빠질 수 있기 때문이다. 따라서 자신이 어떤 연못에서 헤엄치고 있는지 잘 인지해야 하며 헤엄치는 동안에는 최선을 다할 필요가 있다. 작은 연못을 찾아가라는 이야기를 거만을 떨거나 잘난 척해도 된다는 의미로 받아들이지 마라. 지금까지의 이야기를 고등부 배구 선수더러 초등부 선수의 이마에 스파이크를 내리꽂으라고 한 것으로 오해하지 말라는 말이다.

스스로에게 다정해지고, 얕은 곳에서 헤엄치며 천천히 다시 일어서고 싶다면 작은 연못을 찾아보자.

Chapter 08

가끔은
담을 수 없는
사람이
될 것

Awesome!

다시 일어서면 어떤 일이 생길까? 일단 기분이 끝내주고, 흥이 나고, 의욕이 솟고, 들썩거리고, 불타오르고, 작은 연못에 기꺼이 들어가고, 결과를 내고, 상승세를 타고, 생산적인 사람이 된다.

여기서 잠깐 생산성에 대해 짚고 넘어가자. 사실 우리는 인류 역사를 통틀어 이보다 더 생산적이었던 때가 없었다. 세계 성장에 대한 2015년 맥킨지 보고서에 의하면, 선진국들의 노동 생산성은 지난 반세기 동안 1.8%씩 증가했다. 이는 역사상 어느 때보다 빠른 속도이며, 평균적인 직원 한 사람이 1964년 생산량의 2.4배를 생산하고 있는 것과 같다.

오늘날의 생산성 증가 속도가 그 어느 때보다도 빠르다니 좋은 거 아닌가 싶을 것이다. 하지만 정말 그럴까? 알렉산드라 슈워츠는 <더 뉴요커>에 실린 특집 기사에서 생산성 향상을 위해 '죽어라 자기 계발을 하는' 우리의 모습을 이렇게 서술한다.

"이제는 더 나은 신체나 정신을 얻기 위한 방법을 상상만

하는 것으로는 충분하지 않다. 도표를 작성하고, 단계별로 점검하고, 수면 주기를 추적하고, 식단을 바꾸고, 부정적인 생각을 기록하고, 그런 다음에는 이 데이터들을 분석하고, 보정하고, 반복해야 한다."

《주목하지 않을 권리》의 저자 팀 우도 <뉴욕 타임스>에 '평범함을 찬양하며'라는 제목으로 다음과 같은 기사를 썼다.

"조깅을 오랫동안 규칙적으로 해온 사람들은 동네 한 바퀴 도는 것으로는 부족해지는 순간이 반드시 오며 이때를 위해 마라톤 대회를 준비해야 한다. 화가라면 수채화나 그리며 느긋한 오후를 보낼 수 없다. 갤러리 전시회를 준비하거나 최소한 면이 설 만큼의 소셜 미디어 팔로워 수를 달성하기 위한 노력을 하고 있을 테니 말이다. (중략) 문명의 약속, 즉 우리의 모든 노동과 기술 발전의 핵심은 생존 투쟁으로부터 자유를 얻고 보다 높은 가치를 추구할 수 있게 하는 것이다. 하지만 모든 일에 탁월함을 추구하다 보면 우리의 자유가 위협받고 심지어 파괴될 수도 있다."

현재 우리가 하루에 흡수하는 정보, 소통, 업무의 양은 우리의 증조할아버지들이 한 달 동안 소화하던 양에 맞먹고도 남을 것이다. 그 결과로 우리는 마음을 놓거나, 창의력을 발휘하거나, 선 밖을 칠하거나, 엉뚱한 위험을 감수하거나, 사방에 페인트를 흘리거나, 의미 있는 것에 깊숙이 파고드는 일을 불편한 것으로 여기게 되었다.

회사에서 상사가 교육, 콘퍼런스, 외부 활동을 취소할 때 "지금 할 일이 너무 많습니다."라는 이유를 대는 경우가 많다. 회의실을 채운 딱딱한 표정의 사람들 역시 고개를 끄덕이며 말한다. "맞아요. 일이 너무 많아서 바빠요. 다른 거 할 시간이 없습니다."

우리는 생산성이라는 바퀴의 바퀴살에 잔가지 하나도 꽂혀서는 안 된다고 생각한다. 그렇게 되면 자전거가 언덕 아래로 굴러 떨어져버릴 테니까. 하지만 우리는 지나칠 정도로 팽팽하게 조여져 있다. 물론 이것을 멈출 수 있다. 방법은 간단하다. 우리의 바퀴살에 잔가지를 꽂으면 된다.

다시 일어서는 방법 한 가지는 주변의 소음을 차단하고, 고요한 작은 연못에 엉덩이를 깔고 앉아 생각과 아이디어를 뒤섞고 발효시키고 배합해서 자라나게 하는 능력을 마스터하는 것이다. 이를 위해서는 적절한 장소부터 찾아야 한다. 탈출할 수 있는 장소, 생각을 정리할 수 있는 장소, 반성할 수 있는 장소 말이다. 배에 비유하자면 배가 제대로 가고 있는지 확인할 수 있도록 갑판을 떠나 선장석에 올라가야 한다. 이를 위한 훌륭한 방법이 하나 있다. 바로 '불가침의 날'을 가지는 것이다.

직장을 그만두기 전에 던져야 하는 두 가지 질문

불가침의 날이 필요하다는 사실은 언제 알 수 있을까? 내가 월마트에서 10년 동안 근무하다가 퇴직한 뒤에 무슨 일이 벌어졌는가에 대한 이야기로 거슬러 올라가보자. 나는 왜 일을 그만두었을까? 그 바탕은 나의 저서 《아무것도 하지 않고도 모든 것을 얻는 법》에서 공유했던 세 양동이 개념에 있었다. 일주일은 168시간으로, 일 양동이 56시간, 수면 양동이 56시간, 재미 양동이 56시간이다(재미 양동이는 당신이 원하는 모든 것에 해당한다). 일 양동이와 수면 양동이는 재미 양동이를 위한 돈과 마땅한 근거를 마련하기 때문에 이 둘이 없으면 세 번째 재미 양동이도 없다.

내가 월마트에서 일하던 시절 재미 양동이를 채우던 것은 블로그 '세상에서 가장 신나는 1천 가지 이야기'에 게시글 쓰기, 당신이 지금 읽고 있는 이 책의 집필 및 속편 쓰기, 책 관련 프로젝트에 대해 강의하기 등으로, 취미라고 할 수도 있고 부업이라고 할 수도 있었다. 이때는 재미 양동이가 의도적인 삶을 위한 초기 작업으로 채워졌었다.

하지만 재혼 후 자녀들을 갖고 나니 재미 양동이가 아이들 목욕시키기, 아이들에게 책 읽어주기, 아이들에게 자장가 불러주기로 채워지기 시작했다. 더 이상 저녁 시간이나 주말에 작가 역할을 겸할 수 없었다. 양동이들이 바닥을 보이자 일주일에 56시간을 월마트에 쓸지, 집필과 강연에 쓸지 결정해야 했다.

그리하여 나는 예전부터 알고 지내던 한 멘토의 도움을 받아 두 가지 간단한 질문 모델을 만들어 의사 결정에 적용해보기로 했다. 과감한 시도는 새로운 도약을 앞둔 갈림길에서 상당한 도움이 된다. 지면을 박차고 도약하기 전에 이렇게 질문해보자.

1. 후회의 질문

먼 훗날 지금 하는 일을 계속하지 않은 것에 대해 후회할 만한 점은 무엇인가?

2. 플랜 B 질문

실패할 경우 무엇을 할 것인가?

내 경우에 답은 명확했다.

내가 월마트에서 승승장구한 것은 사실이었지만, 의도적인 삶에 대한 열정에 깊이 파고들어 글을 쓰고 이야기하는 일은 너무나도 끝내주면서 좀처럼 얻기 힘든 기회였다. 회사에서 고위직에 올라가겠다고 그 불씨를 꺼버린다면 평생 후회가 잔소리처럼 나를 쫓아다닐 것이 자명했다.

다음으로 플랜 B 질문은 '작가가 되기로 했다가 실패하면 뭘 해야 할까?'였다. 출간하는 책마다 쪽박을 찬다면? 출판사가 나를 바람맞히면? 모두가 나를 언팔해버리면? 한때 잘나갔다가 결국 묻혀버린 사람들의 대열에 동참하게 된다면? 충분히 있음직한 일이었다. 언제라도 그렇게 될 여지는 다분했다. 하지만 이런 경우 이력서를 재정비하고 다시 취업의 문을 두드리러 다니면 되었다. 생각을 제대로 정리하고 결단을 내리는 데 시간은 다소 걸렸지만, 종국에는 다른 직장을 찾을 수 있을 거라는 믿음이 생겼다.

마침내 나는 월마트를 그만두고 재미 양동이의 56시간을 일 양동이로 옮기기로 결심했다. 수면 양동이의 56시간을 줄이지 않고도 말이다. 원래의 재미 양동이는 공식적으로 목욕시키기, 책 읽어주기, 자장가 불러주기로 채워졌다. 그렇게 나는 아이들 곁을 지킬 수 있었고, 가족과 함께할 수 있었고, 좋은 남편이자 아빠가 될 수 있도록 최선을 다할 수 있었다. 앞으로도 얼마든지 더 좋아질 수 있음은 물론이었다.

두 개의 질문을 던져보니 이 길이 옳다는 생각이 들었다. 그리고 계획을 종이에 적어보니 더 좋아 보였다. 한데 문제가 있었다.

갈수록 어려워지는 관심과 집중

직장을 그만둔 첫해에 내가 발견한 사실은 글쓰기 생산

성이 오히려 떨어지고 있다는 것이었다. 일을 그만두면 혼자만의 평화로운 시간이 끝도 없이 펼쳐질 줄 알았으나 실상은 온갖 미팅의 연속이었다. 미팅은 절대 사라지지 않았다. 자료 조사를 위한 문의 전화와 전화 인터뷰, 에이전시와의 점심 식사, 웹 개발자와의 커피 한잔, 출판 일정을 논의하는 전화 회의, 라디오 인터뷰, 미디어 노출을 위한 준비 등이 줄을 이었다. 이 때문에 글을 쓰다가 툭하면 흐름이 끊겼고, 엔진 회전 속도가 끝까지 올라가는 날이 없었다. 가장 큰 문제는 나를 평가할 수 있는 기준이 내 창작물뿐임에도 창작에 들일 시간이 없었다는 것이다. 너무나 당혹스러웠다.

"그래서 요즘 신간 작업은 어떻게 돼가는 중이야?"

"아, 직장까지 때려치운 상황이지? 아이고!"

직장을 그만두면 여유가 생길 줄 알았다. 그런데 애써 만들어낸 여유가 끝없는 미팅과 온갖 방해 요소로 순식간에 채워졌다. 이는 나 혼자만의 문제가 아니다. 오늘날 우리 모두가 마주하는 문제다. 그것도 점점 심각해져가는 문제.

세상이 갈수록 바쁘고 복잡해지고, 스마트폰이 쉴 없이 울리게 되면서 '관심과 집중'은 가장 희소한 자원이 되고 있다.

우리는 조그마한 낚싯바늘 수백 개가 하루 종일 뇌를 낚

시질하는 세상에서 살고 있다.

　비행기를 타면 앞사람 좌석 뒤에 붙은 화면에서 끌 수도 없고 멈출 수도 없고 음소거할 수도 없는 고급 차 광고가 일방적으로 흘러나온다. 비행기에서 내릴라치면 승무원들이 항공사 신용 카드 가입 권유 매뉴얼을 기계적으로 읊는다. 엘리베이터 구석에 달린 작은 화면은 날씨 소식과 요란한 헤드라인으로 시선을 잡아끈 뒤 보험을 판다. 호텔방에 들어가면 가장 먼저 대형 TV가 손짓하고, 책상에는 마사지와 로비의 레스토랑에서 맛볼 수 있는 코코넛 새우 요리를 홍보하는 카드가 수북하다. 휴대폰에는 간단하게 버튼만 누르면 10달러에 데이터를 충전할 수 있다는 광고 알림이 뜬다. 메일 수신함에는 매일 수십 개의 스팸 메일이 쌓인다. 창밖을 내다보면 새로 나온 블록버스터 영화 광고를 몸통에 휘감은 버스가 지나가고, 그 위로는 99센트 치킨 샌드위치, 스트립 클럽, 친자 확인 테스트 광고판의 불빛이 번쩍거린다.

　이 모든 것들에 둘러싸인 상황에서 주어진 일에 집중하기란 하늘의 별 따기나 다름없다.

바쁜 일상에서
완벽하게 사라지는 법

내가 글을 쓸 수 있는 시간은 온데간데없었다. 블로그를 하던 시절을 돌아보니 나는 다른 사람들이 자는 동안 '새벽 네 시에 일어나거나 새벽 네 시까지 자지 않고' 스스로를 갈고닦는 부류였다. 그래서 1천 일 동안 블로그 포스트 1천 개를 올리는 일이 가능했던 것이다. 하지만 이제는 그렇게 급행만 고집하다간 얼마 안 가 바퀴들이 떨어져나간다는 사실을 이해하게 되었다. 그리고 나는 수면과 가족을 위한 양동이에 시간을 들이지 않는 사람들의 조언은 듣고 싶어 하지 않는다는 사실 또한 깨달았다.

내게 필요한 것은 시간을 더 들이지 않고도 일을 해낼 수 있는 실제적인 방법이었다. 솔직히 말하면 사정이 급했다. 그러다 마침내 내 커리어와 시간, 멘털까지 구원해준 해결책을 찾아냈다. 장담하건대 당신도 이 해결책이 필요할 것이다. 나는 이것을 '불가침의 날'이라고 부른다. 내가 불가침의 날을 가지면 무슨 방법을 쓰더라도, 그 누구라도 나와 100% 닿을 수 없다. 결과는 어땠을까? 불가침의 날은 내 비밀 병기가 되었다. 비교하자면, 사람들을 만나면서 글을 쓰는 날에는 하루에 5백 자 정도 썼는데 불가침의 날에는 하루에 5천 자 쓰는 것이 보통이다. 10배나 차이가 나는 것이다. 게다가 글쓰기 목표를 달성하니 일주일 내내 기분도 최상이다.

어떻게 해서 불가침의 날이 10배나 더 생산적일 수 있을까? 미네소타 대학교의 경영학 교수 소피 르로이가 2009년에 발표한 흥미로운 논문에는, 하나의 과업을 수행하는 동안 흐름을 타면 여러 가지 과업을 수행할 때보다 생산성이 높아진다는 내용이 담겨 있다. 르로이 교수는 하루에 여러 가지 미팅과 수많은 과업을 수행해야 할 때 생산성이 떨어지는 이유를 설명하기 위해 '주의력 잔여물'이라는 용어를 만들어냈다. 이 말인즉슨 근본적으로 주의력은 마지막으로 한 일을 생각하는 데에 고착된다는 것이다.

사람들에게 불가침의 날에 대한 말을 꺼내면 실소를 터뜨린다. 왜일까? 우리는 하루에도 수백 개의 메일과 문자 메시지와 띠링거리는 알림음을 받으며, 온갖 경쟁 과제와 프로젝트, 우선순위를 저글링하고 있기 때문이다. 이 모든 일에서 손을 털고 사라진다는 생각만 해도 어이가 없어서 웃음이 나는 게 당연하다. 하지만 절대 불가능하지 않다. 무엇보다 불가침의 날은 반드시 필요하다.

내 불가침의 날이 어떤 식으로 진행되는지 구체적으로 이야기해보려 한다. 불가침의 날에는 크게 두 가지 장점이 있다.

1. 굉장히 창조적인 작업

몰입 상태에 들어가면 뇌가 윙윙거리며 돌아가고 흐름을 타면서 몰두하고 있는 중대한 프로젝트가 차근차근 성취된다.

2. 약간의 질소 연료

힘든 순간을 맞닥뜨렸을 때 창조 회로를 가동하거나 머릿속 펌프에 마중물을 붓기 위한 일종의 작은 연료 폭발이라고 보면 된다. 비생산적인 좌절의 순간은 누구에게나 찾아온다. 이런 순간을 그냥 회피하려고 하기보다 언제라도 꺼내 들 수 있는 정신적인 도구 세트를 미리 갖추어놓으면 좋다. 나의 도구 세트는 다음과 같다.

'헬스장에서 운동하기, 견과류 한 봉지 먹기, 산책하며 자연을 만끽하기, 10분 동안 명상하기, 작업 공간 바꾸기'.

그러면 불가침의 날은 어떻게 정할까? 달력을 꺼내 오늘부터 16주가 되는 날까지 일주일에 하루를 정해 불가침의 날이라고 적어보자. 아주 굵은 글씨로 적는 것도 잊지 말자.

'불가침의 날'.

나는 다른 일정은 굵은 글씨로 표시하지 않고 불가침의 날만 눈에 확 띄게 표시한다. 왜 하필 16주일까? 사실 몇 주인지보다 중요한 것은 바탕에 깔린 개념이다. 내게 있어 16주라는 기간은 강연 일정은 잡혀 있지만 다른 일정은 아무것도 잡혀 있지 않은 상태를 의미하기 때문이다. 이는 내 스케줄에서 마법과도 같은 순간이다. 16주는 다른 일정이 미처 끼어들기 전에 불가침의 날의 깃발을 꽂기 완벽한 기간인 것이다.

불가침의 날 당일이 되면 온통 두터운 방탄유리로 무장한 차에 앉아 있는 내 모습을 상상한다. 그 무엇도 들어올 수 없고, 그 무엇도 나갈 수 없다. 미팅 제안도 전면 유리창에 팅겨나간다. 문자도, 알람도, 전화도 마찬가지다. 스마트폰은 하루 종일 비행기 모드로 바꾸어놓는다. 노트북 컴퓨터의 와이파이도 꺼놓는다. 어떤 것도 나를 방해할 수 없고, 설사 방해하려 해도 못한다. 이로써 나는 쉽고 자유롭게 일에 몰두할 수 있다.

그러다 불가침의 방탄차에 접촉 사고가 일어나면 어떻게 될까? 아주 중요한 행사에 초대되거나, 아주 중요한 사람이 딱 그날밖에 시간이 안 된다고 하면 말이다.

　　'적색경보 : 불가침의 날이 위협받고 있음'.

　　이 경우 어떻게 해야 할까? 나는 이와 같은 일을 대비해 간단한 규칙을 세워두었다. 불가침의 날을 아예 취소하는 것은 절대 불가이지만 주말이라는 울타리 안에서 날짜를 변경하는 것은 가능하다. 대신 불가침의 날은 다른 어떤 일정보다 중요하므로 그 주를 넘어가선 안 된다. 즉, 수요일을 목요일이나 금요일로 옮기는 것 정도는 괜찮다. 이를 위해 네 건의 미팅 일정을 조정해야 한다 해도 말이다. 이런 식의 접근법은 달력에 불가침의 날의 깃발을 꽂을 때 이날은 무슨 일이 있어도 변경해선 안 된다는 각인을 시켜준다. 불가침의 날이 익숙해지면 이날을 정하는 순간 즉각적으로 기분이 좋아지는 효과가 나타난다.

　　더불어 나는 불가침의 날을 확실히 지키기 위한 구조적인 체계를 갖추고 있다.

'그런데'로 시작하는
세 가지 핑계

앞서 말했듯, 사람들에게 나를 찾지 못하게 될 거라고 말하면 온갖 항의가 빗발친다. 그런데 이건, 그런데 저건, 하면서 말이다. 지금부터 이 '그런데'들에 대해 이야기해보려 한다.

첫 번째 '그런데'는 가장 중요하다.

그런데 비상사태 시에는 어떡할까?

결론부터 말하자면, 비상사태가 벌어지는 경우는 사실상 거의 없다. 나의 아내 레슬리 역시 급한 일이 생기면 어떡할 거냐고 물었고, 나는 휴대폰이 없었던 시절도 있지 않았느냐며 설득해보았지만 별다른 소득은 없었다. 오늘날 우리의 문화는 최악의 시나리오를 걱정하는 데에 지나치게 치우쳐 있다. 이제는 자녀들의 휴대폰 위치를 추적하지 않거나 아이들이 자전거를 타다 넘어졌을 때 배우자에게 연락하지 않는다는 것을 상상할 수조차 없게 되었다. 나는 이렇게 말하고 싶다.

"제발 좀!"

사람들은 진정할 필요가 있다. 이렇게 공포에 기반을 두고, 걱정 지향적이며, 재난이 닥칠까 봐 전전긍긍하는 문화에 빠른 시일 내에 얼음물을 한 바가지 끼얹을 필요가 있다. 현대 사회를 살아가는 우리 모두는 아드레날린을 분비하는 부신이 고장 난 상태다. 다들 비상경계 태세다. 물론 나도 나 혼자 사는 세상이 아니라는 사실을 잘 안다. 그래서 나는 불가침의 날을 도입하면서 아내와의 타협점을 찾았다. 불가침 방탄차의 문을 점심시간 한 시간 동안 열어놓기로 한 것이다.

그리고 어떻게 되었을까? 그 한 시간 동안 나는 열일곱 개의 문자 메시지와 열 건가량의 긴급 메일, 끝없이 울리는 휴대폰 알림음의 총알 세례를 받았다. 아내로부터의 비상 연락은 정확히 제로였다. 그래서 몇 달 뒤에는 이 방식을 그만두고 대신 아내에게 내가 어디 있을 건지 미리 알려주기 시작했다. 그리하여 아내는 무슨 일이 생길지도 모른다는 걱정을 내려놓을 수 있었고, 혹시라도 긴급 상황이 발생하면 최후의 수단으로 내가 일하는 장소로 전화를 하거나 아니면 직접 찾아올 수 있게 했다. 지금까지 수년간 불가침의 날을 지켜왔는데 어떤 끔찍한 일이 생긴 적은 단 한 번도 없었으며, 아내와 나 둘 다 그날 하루 종일 아무 연락을 하지 않아도 마음 편하게 잘 지내고 있다.

그다음 '그런데'에 대해 알아보자.

그런데 갑자기 미팅이 잡히면 어떡할까?

매일 소통해야 하는 상대방이 있고, 언제라도 대응할 준비가 되어 있는 게 직업상 매우 중요하다면? 좋다. 무슨 말인지 알겠다. 당신이 응급실에서 근무하는 의사, 혹은 기업 회장의 비서라고 하자. 이 경우 해결책은 작은 것부터 시작하는 것이다. 가령, 불가침의 점심시간을 시작해보는 식이다. 식당에서 사람들과 식사하는 대신 홀로 긴 산책을 나가자. 아니면 불가침의 아침도 괜찮다. 역할이나 직급이 무엇이든 상관없이, 너무나 필요했던 관점이 생기거나, 오랫동안 미루어두었던 프로젝트를 마침내 시작하게 되거나, 또는 불가침의 시간이 얼마나 가치 있는 개념인지 다른 사람들을 이해시킬 수 있는 새로운 업무 방식에 관한 통찰력을 얻게 될 것이다.

여기에 추가로 주어지는 혜택이 또 있다. 불가침의 아침이나 점심을 보낼 수 있도록 주변 사람들이 도와주는 직장에서는 어떤 일이 벌어질까? 다른 사람들이 불가침의 시간을 가질 때 당신이 그들을 도와주며 은혜를 갚을 수 있다. 이렇게 불가침의 날은 팀의 유대감까지 강화시켜준다.

마지막 '그런데'는 무엇일까?

나는 우리 팀원들이 불가침의 날을 갖기를 진심으로 바라는데 그들은 소통의 단절을 어려워한다.

이는 굉장히 흥미롭고도 꽤 보편적인 현상이다. 휴가를 가서도 메일에 답장하는 사람들이 이 '그런데'에 해당한다. 일견 서번트 리더십 같아 보이기도 하지만 사실은 독선적인 태도다. 겉으로는 '팀원으로서 책임감을 가지는 것뿐이야'라고 하지만, 실제로는 '나는 너무 중요한 사람이고 내가 없으면 아무도 일을 못해'라고 하는 것이기 때문이다.

나는 심피플라잉이라는 회사와 연구를 진행하며 휴가 의무제를 실험한 적이 있다. 사람들이 휴일에 사무실과 연락하면 실제로 그들의 유급 휴일을 제해버렸던 것이다. 우리는 휴가 기간 동안 사무실에 연락하는 행동에 불이익을 주는 방법이 굉장히 효과적이라는 사실을 발견했고, 이 결과를 <하버드 비즈니스 리뷰>에 실었다. 진심으로 당신의 직속 부하 직원들이 불가침의 날을 가졌으면 좋겠다고? 그들에게 노트북과 업무용 스마트폰을 사무실에 놓고 가라고 말하면 된다. 그리고 자꾸 연락하면 딱밤을 때려주겠다고 하면 된다.

기억하자. 불가침의 날은 분명 실행 가능하다. 그리고 반드시 필요하다.

불가침의 날을 도입하기 전 나는 제자리걸음을 되풀이하고 있었다. 기사를 쓰고 강연도 하고, 어쨌든 뭔가를 하긴 했다. 다만 계속 놓치는 게 있었다. 그러다 불가침의 날을 도입하자 마법이 일어났다. 마치 자유자재로 춤을 추듯 할 수 있을 거라고 생각지 못했던 일들을 해냈다. 이 책을 집필했고, 새 기조연설문을 썼으며, 차기작 제안서의 초안을 작성했고, '3 북스'라는 이름의 팟캐스트를 시작했다.

다시 한번 강조하건대 우리는 스스로의 바퀴살에 잔가지를 꽂아야 한다. 지금껏 걸어온 길을 돌아보고, 제대로 가고 있는지 확인할 수 있도록 주변의 소음을 차단하고, 고요한 작은 연못에 엉덩이를 깔고 앉아 생각과 아이디어를 뒤섞고 발효시키고 응고시키는 법을 배워야 한다. 이것은 우리 자신의 성장에 매우 중요하며, 다시 일어서는 과정에 있어서도 필수다.

Chapter 09

절대
멈추지 말 것

Awesome!

드디어 마지막 비법에 다다랐다. 회전목마의 마지막 회전이다. 지금까지 말줄임표를 찍는 것에서부터 스포트라이트를 옮기고, 2보 전진을 위해 1보 후퇴하고, 작은 연못을 찾고, 닿을 수 없는 사람이 되는 것까지 회복 탄력성을 키우는 다양한 방법들에 대해 알아보았다. 이 모든 여정은 마치 놀이 기구를 타는 것만 같았다. 우리는 이 놀이 기구를 함께 타고 있는 중이다. 나의 어머니가 나보다 먼저 이 놀이 기구에 탑승했고, 우리는 그녀의 이야기로부터 시작했다. 이제는 한 바퀴 빙 돌아 끝을 낼 시간이다. 이를 위해 이 책에 있는 다른 메시지 전부를 뒷받침하는 마지막 비법으로 마무리를 지어 보려 한다.

나의 아버지 수린더 쿠마르 파스리차는 1944년 인도의 타른 타란에서 태어났다. 아버지는 본인의 생일이 언제인지조차 모른다. 그 시절에는 생일을 따로 기록하거나 기억하지 않았다. 그저 없다가도 생기는 게 아이였기 때문에 아이의 생일을 적어놓아야 한다고 생각하는 사람이 아무도 없었다. 집작하건대 애들은 넘쳐나고 기록할 공간이 마땅하지 않았던 것 같다. 믿기 힘들겠지만 나는 성인이 되어서도 아버지의 생일, 출생지 같은 기본적인 인적 사항을 제대로 알지 못했다.

심지어 20대 후반이 될 때까지 아버지가 태어난 곳이 뉴델리인 줄로만 알았다. 어느 날 여동생 집에 놀러 갔을 때였다. 아무 생각 없이 텔레비전 채널을 돌리는데 영화 '간디'의 한 장면이 나왔다. 인도 암리차르의 유명한 황금 사원이 나오고 있었다. 아버지가 말했다.

"저기가 내가 태어난 곳이야. 정확히는 타른 타란이라고, 저 근처에 있는 작은 마을이지."

나는 어리둥절했다.

"엥? 아버지 뉴델리에서 태어난 거 아니었어요?"

"아니. 뉴델리에서 자랐지. 뉴델리에 있는 학교에서 공부했거든."

"하지만 사람들이 물어볼 때마다 뉴델리 출신이라고 말씀하시잖아요."

아버지가 한숨을 쉬었다.

"닐, 그냥 그게 쉽잖니. 뉴델리를 모르는 사람은 없으니까."

그냥 그게 쉬워서.

이 얼마나 엄청난 명언인가.

그런데 아버지가 쉽게 쉽게 넘긴 것은 고향만이 아니었다. 아버지의 이름도 말 그대로 쉽게 넘겼다. 아버지가 캐나다 온타리오주 피커링에 있는 던바튼 고등학교에서 물리와 수학을 가르치기 시작했을 때, 동료 교사 중 누구도 아버지의 이름을 제대로 발음하지 못했다. 또박또박하게 '수린더 쿠마르 파스리차'라고 할 수 있는 사람이 아무도 없었던 것이다. 대신 그들은 아버지를 서렌더라고 불렀다. 서렌더(Surrender), 즉 '항복'으로 말이다. 아버지는 캐나다에 이주한 지 얼마 되지 않았을 때 스스로에게 이렇게 말했다.

"내가 고작 항복하겠다고 이 먼 길을 왔나? 난 성장하고, 배우고, 더 나아지려고 캐나다에 온 건데."

그 후 교무실에서 만난 한 선생님이 아버지의 이름을 물었을 때 아버지는 가운데 이름을 알려주었다.

"쿠마르입니다. 그런데 그냥 켄이라고 불러주세요."

켄. '할 수 있다'의 캔(Can)과 발음이 같다. 아버지로서는 그게 더 듣기 좋았을 터다. 서렌더가 아니라 켄, 즉 항복하는 사람에서 할 수 있는 사람이 되었으니 말이다.

그렇게 아버지는 어언 50년을 켄으로 살아왔다. 아버지는 나와 내 동생의 이름도 지어주었다. 니나와 닐. 스펠링과 발음이 간단하고, 말하기와 쓰기도 쉽다. 반면에 토론토 근처에서 살던 내 사촌들 이름은 아자이, 라지브, 라자쉬, 니샨트, 비니타, 만주였다. 나의 아버지 역시 예쁜 인도식 이름을 좋아했지만, 아버지는 우리 남매가 캐나다라는 이국땅에서 동떨어지지 않고 이 사회에 녹아들기를 바랐기에 예쁜 인도식 이름을 주지 않았다. 이유는 하나다. 그냥 그게 더 쉬우니까.

브레네 브라운은 현 세대를 두고 역사상 가장 '편 가르기가 심한' 세대라고 말했다. 가치 체계, 이상, 소속이 다름을 인정하지 못하고 함께하지 않으면 무조건 대적하겠다는 뜻으로 받아들이는 세대라는 것이다. 실제로도 차별과 적대감으로 똘똘 뭉친 사람들을 주변에서 쉽게 찾아볼 수 있다. 이런 현실 속에서 나의 아버지처럼 더 쉬운 길을 택하자는 마음가짐은 세상을 너그럽게 살아갈 수 있는 한 방편이 될 수 있다. 이렇게 한다고 해서 본인의 가치가 폄하되거나, 전통이 더럽혀지거나, 도덕적 가치관에 혼동이 생길 일은 전혀 없다. 게다가 내가 가치 있게 여기는 내 일부를 포기하는 것도 아니다. 다른 사람들에게 더 쉬우면서 나한테 해가 되지 않으니 오히려 더 낫다.

쉽게 생각하면
쉽게 풀린다

아버지는 비포장도로변에 있는 작은 판잣집에서 자랐다. 당시 아버지는 작은 방을 네 명의 남매들과 함께 썼다. 아버지의 아버지, 즉 나의 할아버지는 암리차르 근처에서 세탁소를 운영했다. 아버지가 겨우 세 살일 때 아버지의 어머니가 세상을 떠났고, 남은 가족들은 한순간에 생계 유지가 막막해졌다. 그래서 아버지의 할머니가 손자들을 돌보아주겠다며 고령의 몸을 이끌고 찾아왔다. 아버지와 삼촌들, 고모는 그때부터 줄곧 절약하고, 저축하고, 서로를 돌보는 법을 배웠다. 아버지는 열심히 학교를 다녔다. 수학은 아버지가 가장 자신 있는 과목이었다고 한다. 수학 시간에는 구구단과 수학 공식을 석판에 적어가며 공부했고, 문학 시간에는 《픽윅 클럽 여행기》(찰스 디킨스의 소설 - 편집자)를 읽었으며, 체육 시간에는 자갈과 잡초가 가득한 운동장을 돌았다. 하교 후 저녁 시간에는 할아버지의 세탁소에서 옷 다리는 일을 도왔다.

자주 오는 기회는 아니지만 어쩌다 부모님 댁에 묵는 날이면 아버지는 내 옷을 다려주겠다고 고집을 피운다. 새벽 여섯 시에 비몽사몽으로 화장실에 가다 보면 위층에서 내 와이셔츠를 다리고 있는 아버지의 흐릿한 실루엣이 보이곤 한다. 그 모습을 보면 어김없이 미소가 지어진다.

아버지의 어린 시절 사진은 딱 한 장밖에 보지 못했다. 아버지가 자신의 형과 자전거 옆에 서 있는 흐릿한 흑백 사진이다. 긴 양말과 납작한 얼굴들, 깔끔하게 빗어 넘긴 헤어스타일에서 꿈과 희망으로 가득 찬 소박한 어린 시절을 엿볼 수 있다. 수학을 아주 좋아했던 아버지는 결국 찰스 디킨스를 포기하고, 뉴델리 대학교에서 핵물리학 석사 학위를 받았다. 졸업 후에는 캐나다 이민을 신청해 승인까지 받아냈다. 왜 하필 캐나다였냐고 물었을 때 아버지는 이렇게 말했다.

"가장 살기 좋은 곳 리스트를 찾아봤는데 스칸디나비아 국가들이 1순위였지만 이민자를 받지 않더구나. 그다음이 캐나다와 미국이었지. 그래서 두 곳 모두에 신청했는데 캐나다에서 먼저 허가증을 받았어."

아버지는 대학교에 원서를 넣듯 이민국에 지원해 가장 먼저 허가를 받아낸 캐나다를 목적지로 정했던 것이다. 즉, 아버지와 내가 캐나다에서 평생을 보내게 된 이유가 그저 캐나다에서 답장이 먼저 왔기 때문이었다.

당신은 답장이 먼저 왔다는 이유로 중대한 결정을 내려 본 적이 있는가? 지금 당장 스마트폰을 한번 확인해보자. 아마 소셜 미디어 알림이 세 개쯤 떠서 당신의 관심을 낚아채기 위해 대기 중일 것이다. 요즘 우리 주변은 주의를 산만하게 하는 것투성이다. 동네 슈퍼마켓 한 군데만 둘러보아도 치약이 스물네 종류, 휴지가 열네 종류는 되지 않은가.

일을 쉽게 만드는 것이 무엇인지 아는가? 바로 일을 단순하게 하는 것이다. 오늘 하루 동안 내리는 모든 결정을 위해 너무 많은 생각을 하지 않으면 된다. 우리 아버지가 했듯, 주저 없이 답장이 가장 먼저 오는 나라를 선택해 평생을 그곳에서 사는 거다.

그들은 틀리지 않았으며 당신은 옳지 않다

의사 결정을 단순하게 해야 한다는 것이 나 혼자만의 주장은 아니다. 《행복에 걸려 비틀거리다》의 저자인 대니얼 길버트 하버드 대학교 교수는 이를 '완벽한 사면초가에 빠짐으로써 생기는 예기치 못한 기쁨'이라고 부른다. 그의 연구는 우리가 더 나은 결정이라고 평가하는 결정들은 선택의 여지 없이 내린 것들이라는 결과를 보여준다.

선택의 여지가 있다면 어떨까? 이 경우 사람들은 그 결정이 과연 올바른 것이었는지 뒤에 가서 후회하는 경향이 있다고 한다. 그리고 의심과 고민과 '만약'으로 시작되는 온갖 잡생각이 파고들기 시작한다. 마찬가지로, 《선택의 역설》의 저자 베리 슈워츠는 이렇게 말한다.

"현대인들은 그 어느 때보다도 선택의 여지를 많이 가지고 있다. 그렇기 때문에 자유와 자율성도 더 많이 가지고 있다고 볼 수 있지만, 심리적으로는 그것으로부터 혜택을 받지 못하는 것으로 보인다."

당신은 어떤 선택을 할 때 생각이 많아지는가? 그렇다고 내 말을 모든 것을 고려하지 말라는 것으로 받아들이진 않도록 한다. 당연히 가능한 한 모든 요소를 고려하는 게 맞다.

'최고의 데이트를 위해! 최고의 파티를 위해! 최고의 학교를 위해! 최고의 집을 위해!'

하지만 만약 두 가지 모두 마음에 든다면 어쩔 수 없다. 하나만 골라야 하니까 말이다. 이럴 땐 선택의 여지가 없다고 스스로에게 알려주자. 그리고 절대 망설이지 말자.

　나의 아버지는 캐나다든 미국이든 둘 다 좋다고 생각했는데 마침 캐나다에서 먼저 답장이 왔다고 한다. 아버지는 주머니에 달랑 8달러만 넣어 토론토에 도착했고, 그곳에서 처음 며칠을 보냈다. 아버지의 첫 직장은 동네 고등학교 물리 교사였다. 아버지는 미소를 지으며 '물리는 과학의 왕'이라고 말하곤 했다. 검은 곱슬머리에 긴 구레나룻, 커다랗고 네모난 안경을 쓴 아버지는 전형적인 물리학자의 외모까지 지녔다. 겉모습만 보면 아버지는 영락없는 인도의 아인슈타인이다.

　아버지는 원칙주의자다. 고속 도로에서 모두가 아버지를 지나쳐갈지언정 꿋꿋이 한 차로에서 제한 속도를 지키며 운전하는 타입이다. 거짓말 조금 보태서 고속 도로에서 제한 속도를 지키는 사람은 아버지밖에 없지 않을까. 나와 동생이 어렸을 때 아버지에게 운전 좀 빨리 하라고 놀리듯 말하면 아버지는 이렇게 대답했다.

　"5분 일찍 도착해서 뭐 하게?"

　아버지는 차라리 5분 일찍 출발해서 규정 속도를 지키며 운전하자는 주의였다. 또한 실수로 거스름돈을 더 받았을 때에는 반드시 점원에게 돌려주는 사람이었다.

이와 같은 정직함으로 말미암아 아버지는 보드게임을 너무 못했다. 우리 가족은 보드게임을 즐겨 했는데 아버지는 게임의 감을 좀처럼 잡지 못했다. 특히 모노폴리 게임을 제일 어려워했다. 주사위를 던지고 말을 움직일 수는 있었지만 단한 번도 이기지 못했다. 아버지가 다른 사람 땅에 걸렸는데 그 사람이 깜빡하고 임대료를 걷지 않으면 아버지가 자진해서 내곤 했기 때문이다. 아버지는 20달러를 준비해두었다가 자랑스럽게 내밀었다. 마치 "당신의 멋진 집에 초대해주셔서 고맙군요."라고 말하듯이. 그러면 다른 가족들은 고개를 절레절레 저으며 말했다.

"아버지, 우리가 깜빡하고 돈을 걷지 않더라도 말해주지 마세요. 그래야 돈을 더 벌죠! 그래야 이기죠!"

하지만 아버지는 이런 방식 자체를 이해하지 못했다.

"내가 너희들 건물에서 지내려면 당연히 임대료를 내야지. 너희도 내 땅에 오면 돈을 내고. 그래야 우리 모두가 훨씬 행복해지지 않겠니? 지금 너희가 하는 것처럼 줄기차게 서로를 속여대는 대신 말이야."

뼛속까지 선생님이었던 아버지는 우리에게 뭐라도 가르

쳐주고 싶어 했다. 내가 수학이나 물리 교과서를 펴놓고 숙제를 하느라 끙끙댈 때면 아버지는 내 옆에 의자를 끌고 와 앉아서 문제 푸는 방법을 가르쳐주곤 했다. 그래도 내가 이해하지 못하면 다른 방법으로 다시 가르쳐주었다. 그래도 모르면 방법을 또 바꾸어 아버지가 가르쳐온 수천 명의 학생들에게 했듯 이해할 때까지 가르쳐주었다.

아버지는 절대 멈추지 않았다. 흡사 태엽이 바짝 감겼다 풀리며 쏜살같이 튀어나가다가 벽에 부딪히면 방향을 바꾸어 다른 쪽으로 달려가는 장난감 자동차 같다.

우리는 누군가가 우리를 이해하지 못하면 조급해하고, 짜증 내고, 경악하는 시대에 살고 있다. 사람들은 했던 말을 또 하거나 큰 소리를 내거나 책상을 내리쳐가며 상대방을 설득시키려고 한다. 어떻게 해서든지 자기주장을 관철하기 위해 방식을 달리해보는 것이다. 하지만 사람에 따라 특정 문제를 보는 관점은 얼마든지 다를 수 있으므로 이들을 우리가 원하는 대로 이해시키는 건 옳지 않다. 만일 진심으로 상대방의 이해를 구하고자 한다면 당신을 이해하지 못하는 상대방을 탓할 게 아니라, 그 사람이 당신의 의견을 받아들일 수 있도록 설명할 줄 알아야 한다. 바로 여기서 진정한 공감이

싹튼다.

아버지는 목소리를 높이거나 인내심을 잃는 법이 없었다. 아버지의 말을 알아듣지 못한다고 해서 바보 취급을 당하는 일은 없었다. 아버지는 자신의 메시지를 알아들을 때까지 방법을 바꾸어가며 끊임없이 신호를 주었다. 이런 면에서 우리가 하는 모든 것은 결국 새로운 방식으로 뭔가를 보고 배우고 시도하는 것과 불가분의 관계에 있다.

아버지는 절대 멈추지 않는 것에서 더 나아가 배움에는 그 어떤 제한도 있을 수 없다고 여겼다. 아버지는 내가 세 살일 때 주택 담보 대출 금리에 대해 설명해주었다. 그리고 네 살일 때 생명 보험에 대해 알려주었다. 내가 다섯 살 즈음에 아버지에게 주식 시장에 대한 질문을 했던 게 생생하게 기억난다. 조그만 글자들이 네모난 기둥을 이루는 신문 지면은 나를 온전히 사로잡았다. 아버지는 아버지답게 이를 학습의 기회로 삼고 내가 주식을 게임처럼 배울 수 있도록 도와주었다.

"네가 좋아하는 게 뭐니?"

아빠가 물었다.

"음, 콜라요!"

"좋아. 여길 보렴. 신문에 KO가 보이지? 그게 코카콜라야.

50달러네. 50달러만 있으면 너도 코카콜라의 주식을 하나 살수 있어. 이 말은 네가 그 회사의 일부를 소유한다는 뜻이야. 어때? 너도 사고 싶니?"

당연히 사고 싶었다. 마침 모아둔 돈이 약간 있었던 덕분에 아버지를 통해 코카콜라 주식 몇 주를 살 수 있었다. 아버지와 나는 커다란 게시판을 사서 왼쪽에 코카콜라의 주가 그래프를 그리고 밑에다 날짜를 적었다. 나는 주가를 확인하는 방법을 배워 내가 소유한 주식의 가치가 얼마인지 매일 기록해나갔다. 주가가 올라갈 때마다 믿을 수 없을 정도로 감격스러웠다. 나는 아버지 덕분에 제대로 된 기업에 적절한 투자를 하면 자금을 효과적으로 불릴 수 있다는 개념을 배웠다.

더불어 중요한 사실도 하나 알게 되었다.

설탕물에 대한 수요를 절대 과소평가하지 말 것!

모든 만남은
기회다

나의 아버지는 모든 상황은 만남을 위한 기회라는 신조

를 가지고 있었다. 아버지는 낯선 사람에게서 배우기의 달인이었다.

　나는 아버지와 함께 줄을 섰던 기억이 정말 많다. 아버지는 은행에 갈 때마다 나를 데려갔고, 엔진 오일을 교환할 때도 나를 데려갔다. 그 시절에는 지금보다 줄 설 일이 많았고 기다리는 시간도 더 길었다. 아버지는 어디를 가든 주변 사람들에게 말을 걸며 그들의 단조로운 일상에 녹아들어갔다. 재미있는 농담으로 은행원을 웃게 했고, 지역 스포츠 팀에 대한 짤막한 수다로 식당 종업원에게 기분 전환을 시켜주었다. 상대방이 주식 이야기를 하고 싶어 하면 아버지도 주식 이야기를 했다. 또 영화 이야기를 하고 싶어 하는 사람에게는 영화 이야기를 했다. 아버지는 마거릿 대처든, 자동차 정비든, 금값이든 상대방이 원하는 주제에 맞추어 대화를 이어나갔다.

　아버지는 낯선 사람들과의 연결 고리를 빠르게 찾아냈다. 대개 이런 질문들을 던지면서였다.

　"학비를 모으는 중인가 봐요?"

　"육아 휴직 중이세요?"

　아버지의 추측이 들어맞으면 상대방의 고갯짓 한 번은

또 다른 고갯짓으로 이어졌다. 아버지가 이 연결 고리를 통해 사람들의 장점을 발견하는 아름다운 순간을 나는 몇 번이고, 몇 년이고 지켜보았다.

요즘 내가 가장 공을 들이고 있는 프로젝트 중 하나는 '3북스' 팟캐스트다. 이 시간을 통해 내 우상들과 함께 책에 대한 이야기를 나눈다. 주디 블룸과는 베드 신이 나오는 책이 많아져야 하는 이유에 대해 대화했고, 미치 앨봄과는 인생의 의미와 목적을 찾은 이후 무엇을 해야 하는지에 대해 의논했고, 데이비드 세다리스와는 사람들이 더 많은 것을 원할 수밖에 없는 이유인 깊은 욕망의 씨앗에 대해 이야기했다. 이런 대화를 나누면 당연히 잔뜩 긴장이 된다. 하지만 회차가 하나하나 쌓일 때마다 확실히 긴장도가 조금씩 줄어들고 있다. 지금까지 아버지의 화법을 지켜본 경험 덕분이다.

아버지는 지치지 않는 호기심으로 잘 모르는 정보를 공유하고 다시 정보를 요청하는 데 거리낌이 없었다. 이런 건 아버지에게 있어 게임이나 마찬가지였다. 아버지는 물물 교환하듯 지식을 거래했다. 주변을 둘러싼 산업 및 경제 분야의 교묘한 전략들을 살펴보며 이를 일상생활에 적용해볼 수 있는지 늘 궁금해했다. 식당을 운영하는 사장에게는 이런 질문을 던지곤 했다.

"이 정도 식당은 임대료가 얼마나 되나요? 평방피트당 8달러쯤 될까요? 저 아래쪽에 있는 제 조카네 가게는 평방피트당 10달러거든요. 코너 자리이긴 하지만요."

사장이 아버지에게 가격을 알려주면 아버지는 나와 함께 계산을 시작했다.

"천장 타일을 보렴. 가로 2피트, 세로 4피트지? 전체를 가로세로로 세어보면 뭐가 나오니? 그렇지. 그럼 총 1천6백 평방피트지. 1평방피트당 8달러라고 하면 이곳은 1년에 1만3천 달러를 임대료로 내겠구나."

아버지와 나는 간단한 산수로 숫자 놀음을 하며 더 큰 결론에 도달했다.

"이곳은 수익을 내려면 하루에 점심 메뉴를 50그릇은 팔아야 할 거야. 내내 돈가스만 튀겨야겠어. 정말 쉬운 일이 아니야. 우린 그렇게 못할 거야."

기억하자.

항상 질문하라. 그리고 절대 멈추지 마라.

전진은
내 운명

나의 아버지는 한 길만 갔다. 앞길만. 나는 어렸을 적 아버지에게 인도에 돌아가서 6촌 형제나 대고모 같은 먼 친척을 만나볼 수 없느냐고 졸라대곤 했다. 그러면 이런 대답이 돌아왔다.

"너 혼자 가. 나는 마이애미에 가서 크루즈 여행이나 하련다."

아버지가 생각하는 즐거움이란 유람선의 동그란 창밖으로 반짝이는 바다를 감상하며 맛있는 조각 케이크의 맛을 음미하는 거였다. 아버지의 기억 속 인도는 혼잡, 공해, 빈곤의 나라였다. 아버지는 물리적으로든 정신적으로든 인도에 돌아갈 생각이 전혀 없었다. 그래서 캐나다로 이주한 이래로 우리 가족은 단 한 번도 인도에 가지 않았다. 대신 앞으로만 나아갔다.

아버지는 어떤 것에 신경 쓸 가치가 있고, 어떤 것에 신경 쓸 가치가 없는지 너무나 잘 알고 있었다. 또 무엇이 중요하고, 무엇이 중요하지 않은지도 잘 알고 있었다. 계속해서 움직이고 앞으로 나아가기 위해 필요한 것이 무엇인지 알고 있었던 것이다.

현실의 벽에 부딪혔을 때, 직장을 잃었을 때, 절호의 기회를 놓쳤을 때, 아침에 일어났는데 바닥부터 다시 시작해야 한다는 막막한 기분이 들었을 때 나는 아버지를 생각했다. 그리고 아버지의 일방통행 정신을 되새겼다. 이는 우리가 다시 일어설 수 있게 도와주는 마지막 계단이다. 현실적으로도 우리는 앞으로 나아갈 수밖에 없는 운명이다.

그러니 계속해서 나아가자.

그리고 절대 멈추지 말자.

감사의 말

 땅돼지, 숀 아처, 비시와스 아그라왈, 아제이 아그라왈, 비행기 모드, 미치 앨봄, 로베르토 알로마, 크리스 앤더슨, 디팩 앵글, 뭐가 됐든 광고를 싣지 않는 모든 사람, 로저 애시비, 아톰, 바라발Bar Raval, 캐머런 바, 데이브 베리, 호주 맥주, 벡, 팻 벨몬트, 플레지 베니테즈, 젠 버그스트롬, 새들, 에리얼 비세트, 매트 블레어, 게일 블랭크, 트레이시 블룸, 주디 블룸, 앨런 블런델, 마이클 보빈스키, 샘 브래들리, 대런 브렘, 스콧 브로드, 브레네 브라운, 이바나 부딘, 라이언 부엘, 조지 버퍼드, 집 바로 앞에 내려주는 버스 기사들, 키스 부시, 데이비드 케인, 수전 케인, 사탕수수, 제러미 캐미, 조셉 캠벨, 제니 칸조네리, 홀리 캐치폴, 프란체스코 체팔루, 인간적 기술 센터Center for Humane Technology, 클레어 치즈라이트, 데이비드 치즈라이트, 데이비드 쳉, 데이비드 칠튼, 드라마 '쿠퍼스타운' 입성을 거부당한 자들, 웨인 코인, 알렉 크로퍼드, 크리드, 크리스털 펩시, 로저 쿠드, 짐 데이비스, 롭 디밍, 토니 데미디오, 매릴린 데니스, 멜빌 듀이, 기예르모 디아스,

제프 딘스키, 시오반 두디, 스텔라 도스먼, 마이크 도버, 드류 더들리, 시라 일스, 카이에 이건, 에이미 아인호른, 말줄임표, 에픽 테토스, 크리스틴 패럴, 조너선 필즈, 톰 핏치몬스, 제임스 프레이, 리치 기본스, 말콤 글래드웰, 캐시 글래스고, 세스 고딘, <골든 워즈>, 로빈 굿펠로, 케빈 그로, 크리스 기예보, 밥 하킴, 모신 하미드, 케빈 핸슨, 라이언 하퍼, <하퍼스>, 마리클 해리스, 이반 헬드, 미스 힐, 라이언 홀리데이, 피트 홈즈, 제리 하워스, 케이트 하웰, 미스터 호우스, 앤드류 휴슨, 훌라, 험블 더 포이트, 마이크 헌팅턴, 폴 후니어, 제이슨 제임스, 미치 조엘, 스티븐 존슨, 게리 존슨, 마이크 존스, 새티시 캔워, 미첼 카플란, 크리스 킴, 미스 킹, 오스틴 클레온, 케리 콜렌, 존 크래신스키, 시바니 라켄팔, 게리 라슨, 데이비드 라빈, 조이 리, 매니 리, 엘리노어 르페이브, 짐 리바인, 더 렉스터, 앤드류 리머트, 아맨다 린다우트, 게리 리우, 베스 라클리, 커트 룩스, 에릭 룬드그렌, M83, 셸리 맥베스, 미스터 맥도날드, 스티븐 머크무스, 에린 말론, 마크 맨슨, 카린 마커스, 드루 마셜, 엘런 마스타이, 아고스티노 마자렐리, 길리언 맥클레어, 맥도날드, 에밀리 맥도웰, 제니스 맥킨타이어, 더그 맥밀런, 벡스터 메리, 닐 마이어스, BMV의 마이크, 데이비드 미첼, 브래드 몬태규, 트레이시 무어, 소피아 무수라지, 크리시나 니킬, 대니얼 노와코우스키, 코난 오브라이언, 미스터 올슨, 브라이언 팔머, 소피 파파마코, 문서 재단기, 파크&프로방스, 매트 파커, 셰인 패리시, 에이드리언 파스리차, 아카시 파스리차, 켄 파스리차, 니나 파스리차, 수니타 파스리차, 타민 페쳇, 캠 펜맨, 젠 펜맨, 파라 파페뮤터, 마틴 페렐뮤터, 안드레 페롤드, 제이 핀커튼, 마이크로소프트 파워 포인트, 니타 프로노보스트, 퀸 스트리트 웨스트, 펠리시아 쿠온, 세라 램지, 헤더 랜슨, 블레이즈 래트클리프, 아주 신선하고 짭짤하고 알맹이가 살아 있는 차가운 과카몰리, 헤더 레이즈먼, 안 리처드슨, 도나 리처드슨, 캐런 리처드슨, 마크 리처드슨, 레슬리 리처드슨, 마라 리처드슨, 리피, 멜 로빈스, 마이크 로버트슨, 리치 롤, 미셸 로마노프, 그레첸 루빈, 이언 샙백, 나브라지 사구, 홀리 샌턴드리아스, 콘래드 쉬케단츠, 셔스터, 제시카 스콧, 섹션 A, 데이비드 세다리스, <시커스>, 미스 셀비, 세네카, 메리어트 세케이라, 브라이언 쇼, 리타 실바, 사이먼, 사이먼&슈스터, 데렉 시버스, 저스틴 스키너, 레슬리 스미스, 로렌 스피겔, 마이클 분게이 스태니어, 트레이 스톤, 아기들에게 웃긴 표정을 지어주는 낯선 사람들, 리타 스튜어트, 아미트 타네자, 수미어 타네자, 나심 탈렙, 케이트 테일러, 라이언 테일러, 2019년 NBA 챔피언 토론토 랩터스, 아무 대가 없이 학생들을 사랑하고 학생들의 삶에 변화를 주고 싶다는 이유만으로 열심히 일하는 모든 선생님들, 프레도 세트, 론 타이트, 에이드리언 토마인, 토시 언티, 나무들, 브렌트 언더우드, 채드 업튼, 팀 어반, 게리 우르다, 데이비드 포스터 월러스, 미첼 월러스, 시드니 왈러, 프랭크 워런, 물, 빌 워터슨, 웨스티, 톰 울프, 밥 라이트, 조안 라이트, 얼룩말들.

이 책이 나올 수 있게 도와준 모든 이들과 모든 것들에 고마움을 전한다.

어썸

1판 1쇄 인쇄   2021년 11월 12일
1판 1쇄 발행   2021년 12월 3일

지은이   닐 파스리차
옮긴이   홍승원

발행인   황민호
본부장   박정훈
책임편집   강경양
기획편집   김순란 한지은 김사라
마케팅   조안나 이유진 이나경
국제판권   이주은 한진아
제작   심상운

발행처   대원씨아이㈜
주소   서울특별시 용산구 한강대로15길 9-12
전화   (02)2071-2094
팩스   (02)749-2105
등록   제3-563호
등록일자   1992년 5월 11일

ISBN   979-11-362-9020-5   03190

2021 .11. - -